AF405198

LA PELIGROSA TRANSICIÓN
de la hegemonía de Estados Unidos (Occidente) a la de China (Oriente)

ARSENIO HERNÁNDEZ FORTUNA

LA PELIGROSA TRANSICIÓN: de la hegemonía de Estados Unidos (Occidente) a la de China (Oriente)
© Arsenio Hernández Fortuna

Arsenio Hernández Fortuna es profesor de relaciones internacionales y dirigente del Partido Frente Amplio (República Dominicana).

arseniohf@yahoo.com

Primera edición, marzo del 2016
Segunda edición, marzo del 2023

ISBN: 978-9945-18-317-7

Diseño de portada y diagramación:
©Aníbal Hernández Medina

*A la memoria de Piero Lapiccirella, expresidente de la
Federación Mundial de la Juventud Democrática (FMJD),
firme defensor de la paz mundial, IDO A DESTIEMPO…
También, a su viuda, Ildiko; su hija, Costanza, y nieto, Piero.*

ÍNDICE

PRÓLOGO

La lectura de esta Peligrosa Transición fue algo muy refrescante, a pesar de lo rápido que tuve que hacerla, debido al estrecho margen de tiempo que me dejan mis obligaciones diplomáticas. Sin entrar en detalles cronológicos, entre el autor y yo, empezaría diciendo que Arsenio reconstruyó, en una excelente crónica, aquella época en la cual tantos muchachos estuvimos al servicio de la causa. En esos tiempos, no se aceptaba que nadie se quedara fuera del combate, era como si hubiésemos nacido bajo el signo del compromiso para afrontar esos tiempos de tanto peligro y tanto riesgo.

Recuerdo perfectamente la estadía de Arsenio en Europa representando al Partido Comunista Dominicano (PCD) en la Federación Mundial de la Juventud Democrática, en Budapet, capital de Hungría; en la *Revista Internacional,* en Praga, capital de la entonces Checoslovaquia; además de algunos encuentros y/o congresos de «partidos hermanos», etc.

Lo que no recuerdo es el día exacto en que salió del país. Eso muy pocos lo sabían. Era frecuente que en algún momento se dejaba de ver a un compañero y por norma de seguridad no se preguntaba mucho. Únicamente se confirmaba que había viajado cuando llegaban informes que podían ser compartidos en el seno del Comité Central.

Así se confirmaba que el camarada se encontraba en tal misión. Eso pasaba corrientemente con las salidas hacia Europa, tanto hacia el Este como hacia Occidente, Cuba e incluso algunos partidos amigos de este continente.

En el cumplimiento de esas misiones, los compañeros adquirían grandes enseñanzas como ustedes podrán descubrir en el texto que tienen en sus manos. El PCD forjó toda una gama de diplomáticos alternativos que andaban por el mundo defendiendo la autodeterminación de los pueblos y la liberación nacional. Esa habilidad del manejo de la política en las relaciones internacionales Arsenio la pone a prueba en el texto que nos acaba de entregar. Debo aclarar que, en términos estrictamente organizativos, no tuve el privilegio de haber pertenecido a ese grupo, aunque nos desempeñamos en otras lides, bajo la misma orientación, con el mismo fin y con el mismo compromiso.

Esos diplomáticos del proletariado vivían en el «filo de la navaja», pues sus pasaportes no tenían la franquicia de la diplomacia formal y, en muchos casos, ni siquiera se trataba de sus propios pasaportes, pues para circular por el mundo con tan delicadas funciones a veces era preciso asumir la identidad de un camarada, de un extranjero y hasta de algún difunto, cuya documentación facilitara la salida y circulación por esos lares.

Quien recibía esos encargos no podía descuidarse, pues muchas veces se encontraba en el radar de diversas entidades de seguridad del mundo occidental. Así, cuando eran detenidos en algún aeropuerto, debido a alguna sospecha, tenían que elaborar respuestas rápidas que iban más allá de la diplomacia ordinaria, sin poder apelar a los privilegios e inmunidades consagrados en la Convención de Viena. En esos casos no sólo influía el deseo de salvarse uno mismo. Se empleaba todo el temple para que se salvara la misión.

Aquellos jóvenes aprendieron a cultivar la ecuanimidad, pues generalmente los viajes de un destino al otro obligaban a dar la vuelta a medio mundo, como mecanismo para despistar a sus persecutores. Viajaban ligeros de equipaje y de cartera, con lo cual las historias de padecimientos se hicieron frecuentes. Las condiciones en que se realizaban esas tareas eran riesgosas e incómodas en el territorio enemigo y, aunque de manera diferente, también lo eran en las sedes del movimiento comunista, luego que el PCD decidió condenar la intervención soviética en la entonces Checoslovaquia y, aunque menos explícita, la intervención en Afganistán; lo que quería decir «ambigua» para el exigente gusto de la nomenklatura soviética, la cual Arsenio condenó sin medias tintas.

El precio de la convicción ideológica y la defensa de los principios se hicieron sentir de inmediato, manifestándose en el regateo de la solidaridad por parte de algunos de los partidos hermanos; aunque no ocurrió lo mismo con otros partidos que en grandes líneas expresaban cierta independencia frente al llamado bloque soviético, como el

Movimiento al Socialismo (MAS) de Venezuela, el Partido Comunista de México, en nuestra región; y luego con los partidos que en Europa impulsaron el eurocomunismo, esencialmente compartido por el PCD y que Arsenio asumió abierta y valientemente.

En cuanto a la obra en sí, podemos decir que no son tantos los profesionales dominicanos que en sus enfoques rompen con la exclusivista visión de insularidad que suele imponernos el determinismo geográfico. Sus vivencias en las referidas sedes del movimiento comunista internacional y las experiencias y discusiones con sus compañeros del PCD, en diversos niveles e instancias organizativas, fueron determinantes para que Arsenio trascendiese la insularidad.

El autor hace una reflexión de cara al mundo. Este profesional del periodismo, con experiencia en la diplomacia alternativa, nos ofrece una excelente crónica, con una mirada muy amplia de cómo surgieron y evolucionaron las relaciones internacionales, para consolidar los largos años de la Guerra Fría.

Esta obra podría considerarse una síntesis guiada por la cronología, sin descuidar ningún hecho relevante, que permita comprender la evolución de la situación política mundial. El autor profundiza en la explicación de las razones y las causas que movían los intereses de los grandes actores mundiales. Tiene un gran valor para quienes no les tocó vivir esos momentos de incertidumbre, cuando el mundo vivía amenazado con su destrucción. Aquí se puede ver que el juego político no era un pasatiempo de las grandes potencias, sino un desafío constante, que en defensa de sus intereses nacionales particulares llegaron a poner en peligro la existencia de la humanidad.

Hernández Fortuna destaca un asunto que, si bien en el texto no se le dedica tanto espacio, debe ser visto con gran interés. El explica como en algunas circunstancias el deseo de líderes mundiales por preservar una posición política los convertía en seres capaces de involucrar sus respectivos países en aventuras guerreristas cuyas consecuencias podían ir más allá del territorio de sus respectivos países.

Leyendo estas páginas, podemos entender lo que significó por tanto tiempo tener un mundo bipolar y como las dos grandes potencias, Estados unidos y la Unión Soviética, jugaron con los destinos de tantas naciones que perdieron tanta gente y que invirtieron tantos recursos en sus juguetes militares, mientras el hambre golpeaba a tanta gente. El gasto militar se imponía preponderantemente en los presupuestos nacionales, no solamente de las grandes naciones, sino incluso de los países subdesarrollados, forzados por los países productores de armamentos, que tenían a esos otros países como mercados cautivos.

Resulta muy interesante ver como el autor nos hace ver el cambio que se produce con el ascenso económico de China. Un gigante que permaneció en un segundo plano; pero cuyo despertar económico le ha colocado al lado de los grandes de la Tierra. La economía de ese país ha sido la clave para su preponderancia y está probado que se le tema tanto por su auge económico, dada la expansión de sus inversiones y ventas; como cuando existe algún problema, pues la disminución de la demanda genera temor en quienes le aprovisionan de materias primas. Es decir que nadie puede subestimar al gigante oriental.

Recomiendo que este libro sea leído, pues quien lo haga de seguro que lo mantendrá muy cerca, ya que puede ser una fuente de consulta rápida sobre este relevante tema. Un tema que siempre será objeto de interés, pues en el fondo trata de lo que para muchos historiadores constituye el más importante acontecimiento del siglo XX, las experiencias socialistas de la Europa de ese siglo.

Haciendo acopio de mi experiencia profesoral, diría que debe ser utilizado como un texto de apoyo a la docencia en relaciones internacionales.

Rubén Silié Valdez,
ex secretario general de la Asociación
de Estados del Caribe (AEC)

PRÓLOGO A LA SEGUNDA EDICIÓN

La intervención militar de Rusia en Ucrania, desde febrero del 2022, ha reactualizado el gran peligro y el debate sobre las armas nucleares y la necesidad urgente, tanto o más que frenar el cambio climático, de su destrucción para evitar un holocausto nuclear, provocado intencionalmente por el ser humano o por accidente.

Con este nuevo conflicto internacional el mundo entra en una etapa que podría calificarse de **irracionalidad estratégica,** precisamente entre los estadistas de las grandes potencias, quienes deberían ser los más racionales, sensatos, los mejor asesorados para tomar decisiones. Sin embargo, están haciendo lo contrario de lo que aconseja el sentido común, teniendo en cuenta la historia reciente de sus países y la realidad geopolítica. Podemos analizar los datos siguientes:

1. Rusia, el país más grande del mundo (con más de 17 millones de kilómetros cuadrados),

busca controlar más territorio, a pesar de su relativamente escasa población (menos de 150 millones de habitantes) y el pesado fardo del mantenimiento de sofisticadas armas nucleares y convencionales. Aunque es cierto que parte de ese inmenso terreno permanece congelado buena parte del año y que interviene por garantizar el acceso al mar Mediterráneo, clave para su comercio internacional y su defensa. Sin embargo, en general, no parece sensato que trate de controlar más territorio del que tiene; especialmente teniendo en cuenta su relativamente reducida población. Lo entendible sería que tratara de consolidar su economía y aumentar sus habitantes. Además del grave problema de la violación de la soberanía de Ucrania, la Carta de la ONU y la Convención de Viena sobre relaciones diplomáticas de 1961, entre otros asuntos.

2. Estados Unidos enfrenta, simultáneamente, a las otras dos grandes potencias, militar y económica; a pesar de valiosas experiencias en su propia política internacional reciente de que es preferible entenderse con una de las dos para intentar frenar a la otra, como lo hicieron Richard Nixon, Henry Kissinger y sus asesores con China frente a la entonces poderosa

Unión Soviética en la década de 1970. Según esos antecedentes, EU debió entenderse con Rusia, esta vez, para intentar frenar a China; como lo hizo el entonces presidente Barack Obama cuando firmó un acuerdo de reducción de armas nucleares con su homólogo ruso Dmitri Medvedev, en Praga, en el 2010. Pero ahora se ha decidido por el enfrentamiento simultáneo a Rusia y China. Esta información, entre otras, lo confirma:

China está expandiendo su arsenal atómico y se dispone a prácticamente cuadruplicar el número de ojivas nucleares que tiene para el año 2035, cerrando rápidamente la brecha con Estados Unidos, señaló el Pentagono en un reporte dado a conocer el martes. El informe se suma a una advertencia emitida el año pasado por el Ejército de que China expandiría su arsenal nuclear a un paso mucho más rápido del que habían pronosticado las autoridades estadounidenses, lo que pone de relieve una extensa expansión del poderío militar con el fin de permitirle a Beijing igualar o superar el de EEUU para mediados del siglo. El Pentágono señaló el año pasado que el número de ojivas nucleares de China podría aumentar a 700 en un período de seis años y podría superar las 1,000 para

*2030...***El creciente arsenal de Beijing está creando incertidumbre para EEUU en momentos en que busca la manera de disuadir a dos potencias nucleares, Rusia y China, al mismo tiempo**, *indicó el Pentágono en su revisión de políticas nucleares más reciente*[1].

3. Alemania se rearma, innecesariamente; aumentará su presupuesto militar al dos porciento de su producto interior bruto, a pesar de que le ha ido mejor en los últimos setenta y cinco años de paz (1945-2020) que en los anteriores 75 (1870-1945) en que participó en tres guerras (la franco-prusiana y las dos mundiales), perdiendo las dos más catastróficas. En vez de rearmarse, lo sensato era que Alemania inclinara todo su poder económico y político a favor de la destrucción de las armas nucleares, que los vencedores le impidieron desarrollar; para lograr un mundo libre del peligro nuclear (en esa posición habría coincidido con Japón, América Latina y su Tratado de Tlatelolco y toda la humanidad pacifista).

---

1   Copp, Tara y Baldor, Lolita. «Pentágono: China aumentará su arsenal a 1,500 ojivas nucleares». Recuperado el 28/11/2022 de: https://es-us.noticias.yahoo.com/pent%C3%A1gono-china-aumentar%C3%A1-arsenal-1-014326157.html

Y para empeorar la tensión mundial también Japón sigue el ejemplo de Alemania y anuncia que, igualmente, aumentará su presupuesto militar al dos porciento de su PIB.

Japón duplicará su gasto de defensa en los próximos cuatro años y reforzará su armamento para tener capacidad de alcanzar bases enemigas, según un plan aprobado este viernes que pone fin a las limitaciones de un ejército al que la Constitución japonesa impedía participar en conflictos bélicos internacionales y poseer misiles balísticos de largo alcance. Con estas dos medidas —la duplicación del gasto y una nueva estrategia abierta que contempla la posibilidad de atacar bases enemigas— el Gobierno de Fumio Kishida imprime su mayor giro en materia de defensa desde la II Guerra Mundial[2].

Son muestras de que el complejo militar-industrial, cuyo peligro denunció el entonces presidente estadounidense Dwight Eisenhower en 1960, aumenta su poder, simultáneamente, en EEUU, Rusia, Alemania, Japón y otras partes.

2 Robledo, Gonzalo. «Japón aprueba su mayor presupuesto militar para afrontar los desafíos de China y Corea del Norte». *El País*, Madrid. Recuperado el 28/12/22 de: https://elpais.com/internacional/2022-12-16/japon-aprueba-su-mayor-presupuesto-militar-desde-la-ii-guerra-mundial-para-afrontar-los-desafios-de-china-y-corea-del-norte.html

4. La OTAN, incluyendo sus principales socios (Estados Unidos y Alemania), intenta cercar a Rusia; a pesar de la sabia advertencia del teórico militar prusiano Carl von Clausewicht sobre que un país tan grande no se puede acorralar y mucho menos invadir; como lo hicieron Napoleón, «el Dios de la guerra», y Hitler, fracasando ambos en sus objetivos.

5. Los dirigentes chinos advierten con maniobras militares intimidatorias a los taiwaneses sobre que, oficialmente, hay una sola China; hecho acentuado durante y después de la visita de Nancy Pelosi, entonces presidenta de la Cámara de Representantes de Estados Unidos, a Taiwan. Esto ocurre a pesar de que la economía de la China continental podría absorber, gradualmente, a la economía de Taiwan; por lo que se vislumbra a lo lejos. Y los chinos continentales no perderían mucho con respetar el estatus político de Taiwan, que apenas tiene 23 millones de habitantes y algo más de 36 mil kilómetros cuadrados de superficie frente a una población continental de cerca de mil cuatrocientos millones de habitantes y nueve millones de km^2.

Los dirigentes rusos, en particular el presidente Vladimir Putin y el ministro de exteriores

Serguei Lavrov, han advertido o insinuado que podrían utilizar armas nucleares **tácticas** (se supone que de alcance limitado), dicen en ocasiones; en caso de que estuviera en peligro la existencia del Estado ruso. Esas declaraciones ejercen un poder de disuasión ante la posibilidad de que la Organización del Tratado del Atlántico Norte (OTAN) intentara participar directamente en el enfrentamiento de Ucrania con Rusia. **Y mientras tanto se mantiene al mundo en vilo, al borde del abismo, como en los peores tiempos de la llamada guerra fría entre la antigua Unión Soviética y EU**.

Un editorial del diario español *El País*, titulado *La tentación nuclear*, resume la situación de muchos años:

*La amenaza nuclear no desapareció con el final de la Guerra Fría, a pesar de que fue entonces cuando las dos superpotencias enfrentadas redujeron los arsenales y los misiles con carga nuclear, más de 60,000, prácticamente a un tercio del momento álgido en la carrera armamentística. La guerra de Ucrania ha despertado a la humanidad respecto al **peligro que representa todavía la existencia de un armamento con capacidad para destruir varias veces el planeta entero en caso de***

una guerra con intercambio de misiles nucleares de largo alcance[3].

Todo esto ocurre a pesar de recientes y solemnes declaraciones de dirigentes de las principales potencias nucleares, en escenarios internacionales respetables, advirtiendo que nadie puede ganar una guerra con esas armas, porque sencillamente toda la humanidad saldría perdiendo, incluyendo quienes iniciaran un enfrentamiento con intercambio de misiles nucleares. Esa es la famosa tesis de la «destrucción mutua asegurada» que desarrolló, con suficientes datos para hacerlo, Robert McNamara, el que fuera secretario de Defensa de los presidentes estadounidenses Jhon Kennedy y Lyndon Jhonson.

El Secretario General de las Naciones Unidas, António Guterres, acogió con satisfacción la declaración conjunta hecha el lunes por cinco Estados con armas nucleares sobre la **prevención de la guerra nuclear** *y la importancia de evitar la carrera armamentista. Los líderes de China, Francia, Rusia, Reino Unido y Estados Unidos emitieron por primera vez en la historia un comunicado que habla de evadir* **una carrera armamentista y no atacarse**

---

3 *El País*. Editorial. https://elpais.com/opinion/2022-11-06/la-tentacion-nuclear.html

unos a otros ni a ningún otro Estado. *Los cinco países, también miembros permanentes del Consejo de Seguridad de la ONU, aseveraron creer firmemente que se debe prevenir una mayor propagación de ese tipo de armas*[4].

Por supuesto, hay numerosos tratados anteriores a esta declaración, especialmente entre la antigua Unión Soviética, luego Rusia, y Estados Unidos, dirigidos a evitar una conflagración nuclear; pero este compromiso es el más actualizado y contundente sobre este peligroso problema. Una traducción de Google de la versión inglesa de ese texto comienza así:

La República Popular China, la República Francesa, la Federación de Rusia, el Reino Unido de Gran Bretaña e Irlanda del Norte y los Estados Unidos de América consideran que evitar la guerra entre Estados poseedores de armas nucleares y reducir los riesgos estratégicos son nuestras principales responsabilidades. ***Afirmamos que una guerra nuclear no se puede ganar y nunca se debe pelear.*** *Dado que el uso nuclear tendría consecuencias de gran alcance, también afirmamos que las armas nucleares, mientras sigan existiendo, deben tener fines defensivos, disuadir la agresión y prevenir*

---

4 https://news.un.org/es/story/2022/01/1502152

> *la guerra. Creemos firmemente que debe evitar-*
> *se una mayor propagación....*

Evidentemente, el acontecimiento más peligroso en este momento histórico es la intervención militar rusa en Ucrania, independientemente de lo que pueda alegar Rusia sobre el intento de cerco de la OTAN, por encima de la advertencia de Clausewicht. Este conflicto reactualiza el legado de Mijaíl Gorbachov en el ámbito mundial y, por supuesto, en especial en su tierra.

> *Para los rusos que anhelan mejores lazos con Occidente y mayores libertades, Gorbachov sigue siendo un visionario. Dimitri A. Muratov, editor de Novaia Gazeta y ganador del Premio Nobel de la Paz el año pasado, dijo que quizás el mayor legado del exlíder soviético fueron sus conversaciones sobre control de armas con el presidente Ronald Reagan que redujeron las posibilidades de una aniquilación nuclear. Putin, por el contrario, no ha rehuido amenazar a Occidente con su arsenal nuclear. 'Nos dieron el legado de al menos 30 años de vida sin la amenaza de una guerra nuclear global', dijo Muratov. 'Hemos desperdiciado este regalo'* [5].

---

5 Troianovski, Anton. «Putin intenta revertir legado de Gorbachov». *The New York Times International Weekly - Listín Diario* 3/9/2022.

Rusia, que no es Oriente ni Occidente, sino al parecer un mundo aparte, otra civilización, juega ahora, en cierto modo, el rol de la Alemania que reclamó con las armas una parte en el reparto del mundo, justo en el momento histórico en que ocurría la transición de la hegemonía mundial de Gran Bretaña a Estados Unidos, tanto en la I como en la II Guerra Mundial. El rearme de Alemania y también de Japón, como si se prepararan para una futura guerra, complica más el panorama mundial; de por sí muy peligroso con la existencia de las armas nucleares.

Independientemente del historial del personaje, cuestionable en diversos aspectos, la advertencia más dramática sobre la peligrosidad de este momento crucial parece que la hace el germano-estadounidense Henry Kissinger, con toda su experiencia de Estado y amplios conocimientos de lo tratado, en su ensayo más reciente evaluando los acontecimientos internacionales:

El resultado preferido por algunos es una Rusia impotente por la guerra. **Estoy en desacuerdo***. A pesar de toda su propensión a la violencia, Rusia ha hecho contribuciones decisivas al equilibrio global y al equilibrio de poder durante más de medio milenio. Su papel histórico no debe ser degradado.* **Los reveses militares de Rusia no han eliminado su alcance nuclear**

mundial, *lo que le permite amenazar con una escalada en Ucrania. Inclusive si esta capacidad disminuye,* **la disolución de Rusia o la destrucción de su capacidad para la política estratégica podría convertir su territorio, que abarca 11 zonas horarias, en un vacío disputado. Sus sociedades competidoras podrían decidir resolver sus disputas por medio de la violencia**. *Otros países podrían buscar expandir sus reclamos por la fuerza*[6].

Lo que Kissinger advierte sobre las terribles consecuencias de la intervención militar rusa en Ucrania, con la agravante de su inmenso poder nuclear, y la actitud de sus contrincantes de la OTAN de buscar una derrota a cualquier precio y una eventual división del país más grande del mundo, es peor de lo que muchos otros han podido intuir o razonar hasta ahora. En ese panorama que él describe se vuelve más peligrosa la transición de la hegemonía mundial de una potencia occidental (EEUU) a una oriental (República Popular China). Y le agrega otro ingrediente todavía más escalofriante:

Mientras los líderes mundiales se esfuerzan por poner fin a la guerra en la que dos potencias

---

6   Kissinger, Henry. «El impulso por la paz: Cómo evitar otra guerra mundial». *El Espectador-Listín Diario* 30/12/2022, Santo Domingo. (Las negritas son de AHF).

nucleares se enfrentan a un país con armamento convencional, también deben reflexionar sobre el impacto de este conflicto y sobre la estrategia a largo plazo de la incipiente alta tecnología y la inteligencia artificial. **Ya existen armas autónomas, capaces de definir, evaluar y apuntar a sus propias amenazas percibidas** *y, por lo tanto,* **en condiciones de comenzar su propia guerra**. *Una vez que se cruce la línea en este ámbito y la alta tecnología se convierta en armamento estándar,* **y las computadoras se conviertan en las principales ejecutoras de la estrategia**, *el mundo se encontrará en una condición para la cual aún no tiene un concepto establecido.* **¿Cómo pueden los líderes ejercer el control cuando las computadoras prescriben instrucciones estratégicas en una escala y de una manera que inherentemente limita y amenaza el aporte humano**? *¿Cómo se puede preservar la civilización en medio de tal vorágine de información, percepciones y capacidades destructivas contradictorias?* (Henry Kissinger 2022).

La preocupación por el deterioro de las relaciones internacionales y, particularmente, por el peligro nuclear en este período de transición de la hegemonía mundial no se queda entre estudiosos de los complejos vínculos entre diversos países, sino que llega a los más diversos sectores de la humanidad. De ello deja constancia, entre otros, un literato dominicano radicado en Puerto Rico.

> *El peligro de la aniquilación global ha estado a nuestras puertas: no solo por el invento de nuevas armas de destrucción humana (no digo masivas porque las masas llegaron para quedarse), armas capaces de reducir el mundo a la Edad de Piedra. Esa posibilidad llevó a los humanistas a profundas reflexiones sobre el poder (Hannah Arendt, «Los orígenes del totalitarismo», 1951), la violencia como un elemento antropológico y sus límites de conocimiento. Michel Foucault, por ejemplo, lo ve como un retorno del animal a la selva. No como animal, sino que lo humano entra de nuevo al espacio salvaje (Foucault, 1969)[7].*

Por suerte, frente a tantas amenazas, se han realizado encuentros de alto nivel y se escuchan también, recientemente, voces disuasivas de encumbradas autoridades que buscan bajar la tensión, superar lo que a nadie beneficia. En ese contexto, los intercambios directos más recientes entre los

---

7   Fornerín, Miguel Ángel. «¿Un mundo en peligro? El difícil camino hacia la paz». Areíto-Hoy, Santo Domingo, 2023.

presidentes de Estados Unidos, Joe Biden, y el de China, Xi Jinping, contribuyen a evitar que se agraven los problemas entre esas dos grandes potencias y, por consiguiente, se reducen teóricamente los peligros de un infierno nuclear.

> *Yo creo firmemente que no tiene por qué haber una nueva Guerra Fría, consideró Biden tras el encuentro (con Xi Jinping), que duró más de tres horas y se celebró en la víspera de la cumbre del G-20 que está prevista que empiece este martes en Bali. La cita bilateral arrojó como resultado más tangible el mandato para sendas Administraciones de reforzar el diálogo en ámbitos trascendentales y problemáticos[8].*

Ambos mandatarios precisaron sus posiciones, según las recoge el diario *El País* (14/11/2022) de España.

> *Desde mi punto de vista, compartimos la responsabilidad de demostrar que China y EEUU pueden gestionar sus diferencias, evitar que la competición se convierta en conflicto, y*

---

8 Rizzi, Andrea. «Biden, tras reunirse con Xi en el G-20: «Creo firmemente que no tiene por qué haber otra Guerra Fría». *El País*. https://elpais.com/internacional/2022-11-14/biden-y-xi-se-reunen-en-plena-escalada-de-tension-entre-las-dos-superpotencias.html

buscar maneras de trabajar juntos en cuestiones globales urgentes que requieren nuestra cooperación mutua', dijo Biden al principio de la cita. Por su parte, el mandatario chino señaló que la situación en que se encuentran las relaciones sino-estadounidenses 'no se corresponde a los intereses fundamentales de ambos países y pueblos, ni concuerda con la expectativa de la comunidad internacional. Necesitamos desempeñar el papel de liderazgo, establecer el rumbo correcto para las relaciones bilaterales y ponerlas en una trayectoria ascendente', añadió Xi.

Se espera que encuentros como este, entre los presidentes estadounidense y chino, Joe Biden y Xi Jinping, puedan contribuir a reducir toda la inflamante retórica anterior de ambos bandos, con sus aliados respectivos y preparativos bélicos comunes como los que se habían anunciado en meses anteriores. Por ejemplo, los alemanes han estado muy activos dentro de la OTAN.

El proyecto alemán para crear un escudo europeo antimisiles va tomando forma. Catorce países europeos miembros de la OTAN y Finlandia, candidato a la alianza militar, han firmado este jueves una carta de compromiso que pone los cimientos de la iniciativa conocida como European Sky Shield (Escudo Europeo del Cielo) que, liderada por Berlín, planea integrar los sistemas de defensa antiaérea de los participantes para hacer frente a la amenaza de los misiles rusos en un momento en el que Moscú continúa elevando el tono de sus amenazas contra Occidente. «Tenemos que movernos rápido ahora», ha recalcado la ministra de Defensa alemana, Christine Lambrecht, tras la firma en la sede de la Alianza Atlántica en Bruselas. «Es importante que se cierren las brechas [en nuestra defensa], porque todos vemos en qué tiempos vivimos: estos son tiempos peligrosos y desafiantes», ha añadido Lambrecht[9].

La beligerancia alemana al lado de Estados Unidos y toda la OTAN, frente a Rusia y China, sustrae a Europa de un rol independiente ante el enfrentamiento de las dos grandes potencias que se disputan la hegemonía universal. Así lo advirtió el agudo analista español Juan Luis Cebrián. «La Unión Europea se ha sumado con sorprendente énfasis a la resurrección de la Guerra Fría que alienta la Casa Blanca **y renuncia a jugar un papel**

---

9 Sahuquillo, María. «Una quincena de países de la OTAN acuerdan crear un 'escudo antimisiles' europeo». *El País* 13/10/2022, España.

autónomo y equilibrador en las relaciones con Pekín»[10].

Este enfrentamiento geoestratégico tan delicado se complica más cuando se mezcla con la política electoral interna de un país determinado, en este caso Estados Unidos; cuyo presidente hizo un pronunciamiento, al parecer improvisado, sobre un posible «armagedón», en un acto electoral de recaudación de fondos.

La advertencia del presidente estadounidense Joe Biden de que el mundo corre el riesgo de un «armagedón» nuclear fue hecha para enviar el mensaje de que nadie debería subestimar el extraordinario peligro que supondría el despliegue de armas nucleares tácticas por parte de Rusia en su guerra contra Ucrania, dijeron funcionarios de la Casa Blanca. La sombría apreciación del presidente, expresada el jueves por la noche, resonó en todo el mundo, pero pareció ir más allá de las valoraciones actuales de los servicios de inteligencia estadounidenses, cuyos responsables admiten no tener pruebas de que el presidente ruso Vladimir Putin esté preparándose para emplear armas atómicas de forma inminente. Durante un evento demócrata de

10 Cebrián, Juan Luis. «Nostalgias de paz y proyectos de guerra». El País. https://elpais.com/opinion/2022-09-12/nostalgias-de-paz-y-proyectos-de-guerra.html

recaudación de fondos, Biden aseguró que Putin «no está bromeando cuando habla sobre el uso de armas nucleares tácticas o armas biológicas o químicas»[11].

Este tipo de pronunciamiento contra China y Rusia, como un bloque, también lo utilizan algunos europeos, específicamente los comprometidos con la Organización del Tratado del Atlántico Norte (OTAN); en vez de tratar de apaciguar los ánimos, pues las grandes guerras las han sufrido los europeos, no los estadounidenses.

Rusia y China han profundizado su cooperación bilateral, lo que desafía el existente orden mundial y amenaza los valores de los países occidentales, afirmó el jueves el secretario general de la OTAN, Jens Stoltenberg, durante su intervención en la Conferencia Anual de la Confederación de Empresas Noruegas. El jefe de la Alianza Atlántica indicó que los dos países han incrementado su cooperación, mencionando que el presidente ruso Vladímir Putin y su homólogo chino Xi Jinping se reunieron en Pekín dos

11 Madhani, Aamer; Knickmeyer, Ellen y Boak, Josh. "Alerta de Biden sobre 'armagedón', sin sustento en pruebas". Los Angeles Times. Recuperado el 8/10/22 de: https://www.latimes.com/espanol/eeuu/articulo/2022-10-08/alerta-de-biden-sobre-armagedon-sin-sustento-en-pruebas.

semanas antes de que se lanzó la operación militar rusa en Ucrania[12].

Por supuesto, toda esta retórica simultánea contra China y Rusia, de parte de Estados Unidos y Europa, dando por un hecho que se debe aceptar su orden y valores, acerca más a dos países que tienen suficientes razones históricas remotas, de anexión de territorios chinos por Rusia, y recientes para estar enfrentados; como lo estuvieron en las décadas de los años 60, 70 y 80, cuando tuvieron incluso un choque militar con varios muertos en el año 1969. Ahora los dirigentes rusos y chinos estrechan sus relaciones, según informa la agencia *Euronews*.

Vladímir Putin y Xi Jinping *se comprometen a fortalecer los lazos estratégicos de sus respectivos países. Así lo hicieron saber en su reunión por videoconferencia de fin de año, retransmitida por la televisión estatal rusa... «Por supuesto, la cooperación militar y técnico-militar, que contribuye a garantizar la seguridad de nuestros países y a mantener la estabilidad en regiones claves, ocupa un lugar especial en todo el abanico de la cooperación ruso-china*

---

12 RT. «Stoltenberg acusa a Rusia y China de amenazar al orden occidental del mundo». Recuperado el 8/1/2023 de: https://actualidad.rt.com/actualidad/454314-stoltenberg-acusar-rusia-china-amenazar-orden-occidental-mundo.

y de nuestras relaciones», decía Putin en su intervención. **«Nuestro objetivo es reforzar la cooperación entre las fuerzas armadas de Rusia y China.** *Bajo nuestro liderazgo conjunto, la asociación integral y la interacción estratégica China-Rusia en la nueva era están mostrando madurez y resistencia», decía por su parte el presidente Xi Jinping*[13].

En el texto que presentamos a continuación, en su primera edición, exponemos suficientes datos y análisis que siguen siendo de actualidad, en general, sobre la muy peligrosa transición de la hegemonía mundial de una potencia occidental (Estados Unidos) a la de una oriental (China), precisamente por la existencia y posible uso o estallido accidental de las armas nucleares; además de las delicadas diferencias culturales que pueden causar malentendidos en el trato del espinoso problema militar y en otros temas.

A lo que se suman las tradicionales competencias económicas, diplomáticas y políticas que completaron el cuadro para que en la antigüedad casi siempre se generaran guerras en el momento

---

13 *Euronews.* «Vladímir Putin y Xi Jinpin se comprometen a reforzar sus lazos económicos y militares». Recuperado el 20/12/30 de: https://es.euronews.com/2022/12/30/vladimir-putin-y-xi-jinping-se-comprometen-a-reforzar-sus-lazos-economicos-y-militares.

histórico justo en que aparecía la llamada «trampa de Tucídides», cuando una potencia emergente amenazaba la hegemonía de otra potencia ya establecida como prevaleciente en un espacio y un tiempo histórico determinados...

La vida ha demostratdo, especialmente en los últimos cinco siglos, que es inevitable la sustitución de una potencia hegemónica mundial por otra, aunque ocurran guerras para tratar de impedirlo. Inglaterra sustituyó a España como reina de los mares desde fines del siglo XVII hasta bien entrado el siglo XX y Estados Unidos a Inglaterra, desde entonces.

La República Popular China tiene suficiente territorio, una población que es alrededor de cuatro veces la de Estados Unidos, una pujanza económica y acelerado incremento de su poder militar, como se ha precisado en datos anteriores, para alcanzar la paridad y luego la supremacía frente a Estados Unidos como antes la logró este país frente a Inglaterra. Eso no es posible evitarlo. Lo que sí es posible evitar es una guerra devastadora que podría incluso acabar con la humanidad, como han advertido numerosos estadistas y científicos desde el emperador japonés Hirohito, en 1945, hasta nuestros días.

Latinoamérica y el Caribe como un todo, a través de la Comunidad de Estados Latinoamericanos y Caribeños (CELAC), pueden jugar un rol activo a favor de la destrucción de las armas nucleares, basándose en la autoridad política que les da el Tratado de Tlatelolco (1967) que prohíbe terminantemente la fabricación, el uso, almacenamiento, traslado de armas atómicas en todo su territorio. Por supuesto, la CELAC debe proclamar una política autónoma en pos de ese objetivo, no inclinarse al lado de una de las superpotencias beligerantes; lo que lamentablemente ha hecho Europa a través de la OTAN.

Por suerte, los resultados de las últimas elecciones presidenciales en América Latina apuntan a la posibilidad de que la CELAC pueda jugar un rol más destacado en las relaciones de la región de Latinomérica y el Caribe con el resto del mundo, especialmente para poder ser oída por los grandes colosos económicos y militares: Estados Unidos, China, Europa y Japón.

Brasil está de regreso, después de años de aislamiento. Con la posesión de Luiz Inácio (Lula) da Silva este 1 de enero, Gustavo Petro ya cuenta con el eje progresista latinoamericano que tanto vislumbró. Un bloque heterogéneo y diverso en el que Bogotá y Brasilia apuntan a una sintonía especial que permita a la nueva diplomacia colombiana, que tiene el viento a favor en una región cada vez más poblada por líderes de izquierda, avanzar posiciones de la mano del

gigante sudamericano en temas como las nego-
ciaciones de paz o la lucha contra el cambio cli-
mático… Además de la afinidad ideológica entre
Lula y Petro, la política exterior colombiana
puede verse favorecida por la «resurrección»de
ciertos organismos regionales que Bolsonaro de-
cidió ignorar, como la Unión de Naciones Suda-
mericanas (Unasur) y la Comunidad de Estados
Latinoamericanos y Caribeños (Celac)[14].

Esas expectativas creadas en Colombia, alrededor de la política exterior de su presidente Gustavo
Petro y con la asunción al poder del brasileño Luis
Inacio (Lula) da Silva, parecen confirmarse en el
discurso inaugural de este último, en la parte referente a las relaciones internacionales, con énfasis
en los organismo regionales.

Los ojos del mundo estaban puestos en
Brasil en estas elecciones. El mundo espera que
Brasil vuelva a ser líder en el enfrentamiento de
la crisis climática y ejemplo de país social y am-
bientalmente responsable, capaz de promover
el crecimiento económico con distribución del

---

14 Torrado, Santiago. «La llegada de Lula al podér en Brasil
impulsa la política exterior de Gustavo Petro». *El País*. Recuperado el 4/1/23 de: https://elpais.com/america-colom-
bia/2023-01-01/la-llegada-de-lula-al-poder-en-brasil-impul-
sa-la-politica-exterior-de-gustavo-petro.html

ingreso, combatiendo el hambre y la pobreza, dentro del proceso democrático. **Nuestro protagonismo se materializará a través de la reanudación de la integración sudamericana, desde el Mercosur, la revitalización de la Unasur y otras instancias de articulación soberana en la región**. *Sobre esta base podremos reconstruir el diálogo orgulloso y activo con los Estados Unidos, la Comunidad Europea, China, los países del Este y otros actores globales;* **fortalecer los BRICS, la cooperación con los países africanos y romper el aislamiento al que estaba relegado el país.** *Brasil tiene que ser dueño de sí mismo, dueño de su destino. Tiene que volver a ser un país soberano. Somos responsables de la mayor parte de la Amazonía y de vastos biomas, grandes acuíferos, yacimientos minerales, petróleo y fuentes de energía limpia. Con soberanía y responsabilidad seremos respetados para compartir esta grandeza con la humanidad, en solidaridad, nunca con subordinación*[15].

Aunque no mencionó directamente en su discurso la intervención rusa en Ucrania y todas sus

---

15 Da Silva, Luis Inácio (Lula). «Texto completo del discurso de Lula da Silva en su asunción como presidente del Brasil». Radio Pichincha. Recuperado el 5/1/2023 de: https://www.radiopichincha.com/texto-completo-del-discurso-de-lula-da-silva-en-su-asuncion-como-presidente-de-brasil/

implicaciones mundiales, ni a la CELAC por su nombre; sin embargo, Lula da Silva tiene claro que Brasil necesita reactivar su presencia en el escenario internacional; por supuesto, lo hará comenzando por sus compromisos más cercanos, el Mercosur y la Unión de Naciones del Sur (Unasur). Además, ya se publicó una información sobre su próxima visita a la Argentina para asistir a una reunión de la CELAC, que ahora preside su homólogo Alberto Fernández.

> *El **presidente de Brasil, Luiz Inácio Lula da Silva,** tiene previsto viajar a **Argentina** a finales de enero para reanudar la participación de Brasilia en la cumbre de la **Comunidad de Estados Latinoamericanos y Caribeños (CELAC)**, uno de los principales bloques de debate político de la región. **Lula** tiene prevista una gira internacional por hasta cinco países en el primer trimestre de este año que le llevará en febrero a Estados Unidos para tener un encuentro con el **presidente Joe Biden** o hasta Portugal y China, según ha informado la cadena CNN en su versión brasileña[16].*

Este importante dato es confirmado por otra información procedente de Brasilia, esta vez de la

16 *Europa Press*. «Lula viajará a Argentina para reanudar la participación de Brasil en la CELAC». Recuperado el 5/1/2022 dehttps://www.diariolibre.com/mundo/america-latina/2023/01/04/lula-viajara-a-argentina-a-finales-de-enero/2187983

misma Cancillería carioca, sobre su reincorpora-
ción a las actividades de la Comunidad de Estados
Latinoamericanos y Caribeños (CELAC), confor-
mada por todos los países de América, salvo Estados Unidos y Canadá.

> El **Gobierno brasileño** comunicó este
> jueves a los países que integran la **Comunidad
> de Estados Latinoamericanos y Caribeños
> (Celac)** la reincorporación «plena e inmediata»-
> del gigante suramericano al organismo, infor-
> maron fuentes oficiales. «El regreso de **Brasil**
> a la Comunidad de Estados Latinoamericanos
> es un paso indispensable para la recomposición
> de nuestro acervo diplomático y la plena rein-
> serción del país en la comunidad internacional»,
> señaló el **Ministerio de Relaciones Exterio-
> res** en un comunicado[17].

Esta reactivación de Brasil en el más importante organismo latinoamericano y caribeño, coin-
cidiendo con Colombia y Argentina, que ahora
ocupa la presidencia *pro tempore*, debería crear un
nuevo ambiente, favorable a una política internacional de paz basada en el Tratado de Tlatelolco

---

17 EFE. «Brasil se reintegra a la Celac tras retiro en el Gobierno
de Bolsonaro». Recuperado el 6/1/23 de: https://www.diario-
libre.com/mundo/america-latina/2023/01/05/brasil-perte-
nece-nuevamente-a-la-celac/2189110

(1967), que prohíbe expresamente la fabricación, uso, instalación, despliegue de armas nucleares en este extenso territorio.

Argentina, Brasil y Colombia pueden unirse a los países que ya han ocupado la presidencia *pro tempore* de la CELAC para impulsar una política común a favor de la paz mundial y de los intereses generales de Latinoamérica y el Caribe. Hasta ahora han ocupado ese cargo, en orden alfabético, Chile, Costa Rica, Cuba, Ecuador, El Salvador, México y República Dominicana. Ahora toca a la Argentina. Todos tienen suficiente experiencia acumulada y nuevos estímulos para impulsar **una política latinoamericana propia**, basada en el Tratado de Tlatelolco, a favor de la preservación de la humanidad.

La CELAC tiene un mecanismo que permite una adecuada representación colectiva, con un cargo permanente para la Caricom (*Caribbean Comunity*), y continuidad al trabajo común de los diversos Estados[18]. Se trata de un bloque diplomático numeroso que puede hacerse sentir en las asambleas de

---

18 La Presidencia Pro Tempore (PPT) es el órgano de apoyo institucional, técnico y administrativo de la CELAC y, de acuerdo con la Decisión adoptada por las Jefas y Jefes de Estado y de Gobierno de la Comunidad de Estados Latinoamericanos y Caribeños (CELAC) sobre la ampliación de la Troika (I Cumbre de la CELAC - Santiago, Chile, 28 de enero de 2013), la misma «estará asistida por una Troika Ampliada compuesta por el Estado que ostenta la Presidencia Pro Tempore, por el que le precedió en esa responsabilidad y por el que lo sucederá

la Organización de Naciones Unidas (ONU) y en su Consejo de Seguridad, con una política firme, coherente a favor de la paz mundial y, en particular, de la destrucción de las armas nucleares; especialmente en un momento como este que se requiere tanto una política de ese tipo y que hay varios países, entre ellos la potencia brasileña, dispuestos a jugar ese importante rol.

La CELAC ha ratificado esa vocación a favor de la paz mundial en el segundo apartado de la declaración final de su VII Cumbre de Jefas y Jefes de Estado y de Gobierno, realizada en Buenos Aires, Argentina, en los días finales de enero del 2023.

> *Destacamos la plena vigencia de la Proclama de América Latina y el Caribe como Zona de Paz, firmada en la II Cumbre de la CELAC celebrada en La Habana en enero de 2014, que reconoce a la región como una zona de paz y libre de armas nucleares en virtud de lo establecido en el Tratado para la Proscripción de las Armas Nucleares en América Latina y el Caribe y sus Protocolos (Tratado de Tlatelolco); sustentada*

como Presidencia Pro Tempore, más un Estado miembro de CARICOM, representado por quien ejerce su Presidencia Pro Tempore». En virtud de esta decisión se conforma el Cuarteto CELAC de la Presidencia Pro Tempore. http://s017.sela.org/celac/quienes-somos/que-es-la-celac/presidencia-pro-tempore-cuarteto-celac/.

en l a promoción y el respeto a los Propósitos y Principios de la Carta de las Naciones Unidas y del derecho internacional, que promueve la solución pacífica de controversias, un sistema internacional basado en relaciones respetuosas de amistad y cooperación, libre de amenazas, agresiones y medidas coercitivas unilaterales contrarias al derecho internacional; en un ambiente de paz, estabilidad y justicia, a fin de desterrar para siempre el uso y la amenaza del uso de la fuerza...[19].

Aunque en esta declaración no se menciona de manera expresa el gran peligro que vive hoy la humanidad por la guerra en Ucrania y otros conflictos que, de agravarse, podrían conducir a un enfrentamiento entre las grandes potencias nucleares (Estados Unidos, Rusia y China), la CELAC ha ratificado en este importante cónclave su vocación pacífica basada en el Tratado de Tlatelolco, que prohíbe directamente (y se ha respetado durante cincuenta y seis años) la producción, almacenamiento, uso, instalación en su territorio de armas nucleares. En este contexto, lo acordado es una luz de esperanza...

Enero del 2023

---

19 CELAC, Declaración de Buenos Aires. Recuperada el 31/01/23 de: https://www.cancilleria.gob.ar/userfiles/prensa/declaracion_de_buenos_aires_-_version_final.pdf.

PREFACIO

Abogar por la paz universal y exponer argumentos y datos favorables a la destrucción total de las armas nucleares y la prohibición de fabricar nuevas es una tarea que concierne a cada ser humano y a cada pueblo organizado o no en un Estado, con el claro objetivo de evitar una guerra internacional o accidentes nucleares que pongan en peligro la existencia de toda la humanidad.

Ese planteamiento es válido especialmente para el único pueblo que ha sufrido el bombardeo nuclear, Japón; en Occidente y Oriente, para seguidores/as del mensaje original de Cristo y también para latinoamericanos y caribeños en cuyo territorio, a pesar de los regímenes represivos existentes entonces, fue firmado hace casi medio siglo el Tratado de Tlatelolco, valioso documento que prohibió de manera definitiva la fabricación, instalación, uso o transporte de armas nucleares en esta región y cuya importancia se acrecienta con los años.

Aunque se trate de ciudadanos de países pequeños, sin posibilidad alguna de acceso a esas armas de destrucción masiva, es un deber pronunciarse de manera clara y precisa a favor de que la humanidad deje de caminar al borde del abismo, que supere la amenaza absolutamente innecesaria y altamente peligrosa a su propia existencia.

En el caso del pueblo dominicano ese deber se acentúa por su extraordinaria experiencia histórica como habitante del territorio donde comenzó la colonización de América, en el cual los colonizadores de diversas nacionalidades demostraron absoluto desprecio por la vida humana, a pesar de las tempranas y cristianas advertencias de fray Antón de Montesinos, el padre Bartolomé de las Casas y otros; es el mismo conglomerado humano protagonista de numerosos enfrentamientos, en defensa de su vida, su territorio y su libertad, con poderosos ejércitos de las potencias occidentales que han dominado el mundo en los últimos 500 años.

Este libro es una síntesis de muchos años de estudio, trabajo, viajes, participación directa en acontecimientos, de escuchar testimonios de otros participantes de primera fila en acciones trascendentes y de reflexión sobre lo que ha ocurrido en el ámbito internacional, especialmente desde nuestro primer viaje al exterior, a Europa, en 1969.

En aquel entonces resultaron muy útiles las lecciones recibidas en un curso sobre política militar impartido por oficiales rusos, veteranos de la Segunda Guerra Mundial; las conversaciones con José Israel Cuello, delegado del Partido Comunista Dominicano a la Conferencia de Partidos Comunistas, celebrada en Moscú en un momento de mucha tensión con la República Popular China; las discusiones agrias, por momentos, sostenidas por el autor y el camarada Orlando Martínez, responsable del grupo, con profesores de la antigua Unión Soviética sobre la posición del PCD, tras negarse nuestro representante a firmar el documento principal del cónclave marxista por diferencias significativas, siguiendo las instrucciones escritas de su dirección, entregadas por el mismo autor en París. También ayudaron a entender esos acontecimientos conversaciones con ciudadanos rusos y de otras nacionalidades, después de sangrientos enfrentamientos de tropas del Ejército Rojo soviético con soldados chinos, en ese mismo año; e intercambios en diversos momentos con el secretario general, Narciso Isa Conde, y otros dirigentes del mismo partido.

En los años 1974 y 75, el autor estudió inglés en el Instituto Cultural Dominico Americano en Santo Domingo, donde también participó en varios seminarios sobre política, economía e historia estadounidenses, con destacados académicos de ese país, entre ellos el profesor Howard J. Wiarda, conocido estudioso de los asuntos dominicanos. Este tiempo en el ICDA le permitió obtener suficientes datos para dar seguimiento a la política exterior estadounidense y compararla con la soviética y europea, de entonces y más adelante.

También fueron sustanciosas las experiencias acumuladas en tres años de trabajo (1975-78) en el buró de la Federación Mundial de la Juventud Democrática (FMJD), con sede en Budapest, Hungría, bajo la presidencia del lúcido dirigente italiano Piero Lapiccirella y luego del profesor chileno Ernesto Ottone. Estuvimos allí como delegado dominicano, junto a unos 30 representantes de entidades juveniles de Africa, toda América, Asia y Europa, con quienes conversábamos informalmente y discutíamos continuamente en reuniones formales sobre diversos problemas internacionales; en particular, el colombiano Carlos Lozano, con quien compartimos oficina; el representante de Japón, Toru Kaneko, y el de Corea del Norte, por las diferencias comunes con los soviéticos y afinidades en el análisis de la situación internacional de entonces; y delegados de Africa, por razones raciales y un modesto conocimiento del inglés.

Desde Budapest nos tocó viajar a diversas partes del mundo, especialmente Europa y América

Latina, participando en innumerables seminarios, conferencias, asambleas, marchas y protestas internacionales, etc. Y desde la misma bella ciudad magiar partimos hacia Praga, capital de la antigua Checoslovaquia, hoy de la República Checa, donde laboramos por dos años en condición de primer representante del Partido Comunista Dominicano ante el consejo de redacción de la *Revista Internacional Paz y Socialismo*, vocero entonces de más de setenta partidos comunistas de todo el mundo.

En Praga, igualmente, teníamos conversaciones diarias con diversos representantes de otros PC, entre ellos Félix Dickson, de Panamá; Alejo Méndez, de México; Valdez Vivó, de Cuba; Hugo Fazio, de Chile; Gerónimo Carrera, de Venezuela; Jaime Barrios, de El Salvador; de Bélgica, Italia y otros países. Nos tocó presidir la comisión de América Latina de la *Revista Internacional* por ocho meses, cuatro como vicepresidente en funciones de presidente, por los continuos viajes del delegado chileno en trabajos contra la dictadura de Pinochet, y luego como titular; en esa condición teníamos que interactuar continuamente con técnicos soviéticos y checos de alto nivel político. Y a eso se agregaban las reuniones formales del consejo de redacción de la *Revista Internacional* con sus debates, en ocasiones muy tensos, especialmente cuando la intervención soviética en Afganistán, momento en que tocó al delegado dominicano ser el único que se opuso a esa violación al derecho de autodeterminación del pueblo afgano, cuando se discutió un artículo del representante del Partido Comunista de Estados Unidos, favorable a la acción soviética.

El autor trabajó como periodista en diversos medios dominicanos (*El Nacional*, *Hablan los Comunistas*, *Listín Diario*, *El Siglo*, *El Financiero* y *Telecentro*), entre 1970 y 2013, en los cuales tuvo acceso a diversas revistas y diarios internacionales, entre los cuales recuerda por su importancia la publicación estadounidense *Facetas* y la nipona *Cuadernos del Japón*, con sustanciosos ensayos sobre problemas internacionales; además de boletines del Fondo Monetario Internacional, el Banco Mundial y otras instituciones. Igualmente valiosas fueron las conversaciones con ejecutivos y reporteros que viajaban a diversos países, traían libros actualizados de esos lugares y algunos tenían experiencia diplomática, entre ellos Virgilio Alcántara, Miguel Franjul, Fabio Herrera Cabral, Rafael Núñez Grassals, Emilio Herasme Peña, Máximo Manuel Pérez, Víctor Mañaná, Guillermo Tejada, Napoleón de la Cruz y otros. También debatíamos en una época con miembros de la Asociación de Corresponsales Extranjeros, entre ellos su presidente, don Frank Comarazamy; el secretario ejecutivo, Miguel Guerrero; José Báez Guerrero, Franklin Polanco y otros.

Esas valiosas experiencias y conocimientos sirvieron de base para cursar una maestría en Diplomacia y relaciones internacionales, en la Universidad de la Tercera Edad (UTE), bajo la orientación de competentes profesores, entre ellos William Páez Piantini, Juan Martínez Morales e Iván Gatón.

Además, particularmente interesantes han sido las consultas para preparar las cátedras y conversaciones con alumnos del área en la Universidad del Caribe (Unicaribe), profesores y diplomáticos invitados, que nos han estimulado a profundizar los estudios de relaciones internacionales y, en el ínterin, han ido brotando las ideas y datos que sintetizamos en esta obra.

Han sido muy útiles también las impresiones y datos recogidos en un reciente viaje familiar por casi toda la costa Este de Estados Unidos, con estadías en Boston, Providence, Nueva York, Tampa y Miami. Y otro recorrido por Europa: España, Austria, Hungría, República Checa y Holanda, donde pudimos actualizarnos sobre la marcha de los acontecimientos mundiales en esas dos extraordinarias fuentes de información, a ambos lados del océano Atlántico.

Hemos hecho este esfuerzo intelectual con la esperanza de que sea útil, como una advertencia más ante el gran peligro a que se enfrenta la humanidad con la sola existencia de las armas nucleares, eventuales accidentes y la posibilidad de su uso en la agresiva competencia entre las superpotencias por la hegemonía mundial.

EL AUTOR

Santo Domingo,

RD, febrero del 2016.

INTRODUCCIÓN

La alta peligrosidad del momento histórico que vive la humanidad es percibida incluso por personas que no son estudiosas de las relaciones internacionales, sino simples lectoras o telespectadoras de las muchas noticias que se divulgan a diario sobre conflictos en diversos rincones del mundo, incluso algunos muy lejanos respecto a quien recibe el dato.

Para personalidades bien informadas, como el papa Francisco, lo que ocurre hoy en el mundo es muy parecido a los tiempos previos a una guerra mundial.

Ciertamente, cualquier persona que haya leído algo sobre la competencia económica, política y militar de las grandes potencias, en los momentos previos a las dos grandes guerras, podrá notar cierta similitud entre los acontecimientos de la actualidad y los que ocurrieron entonces.

A fines del siglo XIX, Alemania arrebató la hegemonía militar a Francia en Europa, después de tres siglos de predominio militar y diplomático de la segunda, que analiza extensamente Henry Kissinger en su *La Diplomacia*. Y tras esa guerra franco-prusiana, de 1870-71, se avivó la competencia por el dominio planetario y por zonas de influencia regionales entre las potencias de *El gran tablero mundial* (Brzezinski, 2014), la gran masa continental euroasiática, y los poderes emergentes fuera del área (Estados Unidos y Japón).

Cerebros extraordinarios, como el de Federico Engels, advirtieron a tiempo (en 1887) sobre el curso catastrófico, especialmente en pérdidas de vidas humanas, que podrían seguir los acontecimientos de entonces:

...Para Prusia-Alemania no hay posibilidad de hacer otra guerra que no sea la mundial. Y sería una guerra mundial de magnitud desconocida hasta ahora, de una potencia inusitada. ***De ocho a diez millones de soldados se aniquilarán mutuamente*** *y, además, se engullirán toda Europa, dejándola tan devastada como jamás lo habían hecho las nubes de langostas...El hambre, las epidemias, el embrutecimiento de las tropas y también de las masas populares, provocados por la aguda necesidad,*

el desquiciamiento insalvable de nuestro mecanismo artificial en el comercio, la industria y el crédito; todo esto termina con la bancarrota general...Esta es la perspectiva, si el sistema de competencia en los armamentos bélicos, llevado a su extremo, produce por último los frutos inevitables...[20].

A finales del siglo XIX, la competencia interimperialista salió del escenario euroasiático y se extendió a la América emergente como gran potencia, cuando Estados Unidos enfiló sus modernos buques de guerra contra los ya atrasados españoles, en la Guerra Hispanoamericana (1898), y volvió a triunfar la moderna industria bélica, como ya lo habían logrado los avanzados cañones Krupp contra los franceses.

Estados Unidos estuvo interesado en apropiarse de Cuba desde principios del siglo XIX, pero su relativa debilidad, la aún fuerte España y el interés geoestratégico de Gran Bretaña, opuesta entonces a que EU ocupara más territorios al Sur del río Bravo, impidieron que se apoderara de lo que, en su visión del *destino manifiesto*, los líderes estadounidenses veían como la llave geográfica del golfo de México.

Al cambiar la correlación de fuerzas al final de ese mismo siglo con el debilitamiento de España, el

20 Federico Engels, *Temas Militares*, Akal Editor, 1974, pág. 260 (negritas del autor en todos los casos, salvo aclaración).

extraordinario salto en el desarrollo industrial logrado por Estados Unidos, tras la Guerra de Secesión y
la conversión de los antiguos esclavos en mano de
obra barata y consumidores; sumado al viraje geoestratégico de Inglaterra, que dejó de importarle que
Estados Unidos continuara ocupando territorios
al Sur, después de arrebatar a México alrededor de
la mitad de su territorio, y pasó a interesarle más
vender mercancías industrializadas a ese enorme
mercado; todo ese proceso condujo a que Estados Unidos se abalanzara contra la flota española,
otrora *invencible*, y le arrebatara Cuba y Puerto Rico,
cerca de sus costas; Las Filipinas y la isla de Guam, al
otro lado del mundo. El historiador cubano Ramiro
Guerra explicó estos acontecimientos en detalles en
su sustanciosa obra *La expansión territorial de Estados Unidos*, elaborada en base a documentos oficiales de la Casa Blanca, el Departamento de Estado, el
Congreso y el Departamento de Marina de ese país.
Los resultados directos para Cuba fueron la Enmienda Platt, oficialmente en vigor hasta 1933, y la ocupación de Guantánamo, hasta hoy.

Después (1903) surgió la República de Panamá,
desmembrada de Colombia, y de inmediato se
impuso el tratado del canal bajo hegemonía estadounidense. En 1907 tocó el turno a República Dominicana con la llamada convención do-
minico-americana que oficializó el control de las
aduanas dominicanas por el Gobierno de Estados

Unidos. Otros sucesos parecidos y peores, intervenciones militares directas de Estados Unidos, se vieron posteriormente en el área de Centroamérica y el Caribe en esa época: República Dominicana, Nicaragua y Haití, que sufrió la peor parte con una ocupación de 19 años (1915-1934).

Este pugilato desembocó en la Primera Guerra Mundial (1914-1918), que concluyó con la victoria de Estados Unidos, Francia e Inglaterra contra Alemania y Austria-Hungría. Cuatro imperios se desintegraron entonces, los dos últimos más el otomano y el ruso.

De ese cataclismo resurgieron otros estados, entre ellos Polonia y Checoslovaquia. Y se crearon las condiciones para lo que fue por un buen tiempo la primera revolución obrera triunfante, la Revolución Socialista Soviética, en el inmenso territorio ruso.

Más de diez millones de seres humanos perdieron la vida en la I Guerra Mundial, tal como lo había previsto Federico Engels, y las pérdidas materiales fueron prácticamente incalculables en ese forcejeo imperialista por el control de mercados y territorios en los cinco continentes.

El período de entreguerras fue una preparación para la siguiente, como había ocurrido tras el enfrentamiento franco-prusiano del siglo XIX. En la humillada Alemania fue creciendo el sentimiento chovinista, el deseo de venganza alimentado por los consorcios industriales y el fanatismo hitleriano. El ascenso de los nazis al poder, en 1933, inició la frenética carrera del rearme alemán y en pocos años la conquista de otros territorios: Austria, Checoslovaquia y en 1939 ocurrió el masivo ataque a Polonia, considerado inicio de la II Guerra Mundial.

En 1941 sucedió el gran choque con la Unión Soviética, demoledor al inicio, pero asimilado y revertido en los años siguientes, al costo de 20 millones de vidas. En poco tiempo, simultáneamente, ocurrió lo que parecía una locura, la declaración de guerra a Estados Unidos. Era demasiado, incluso para Alemania, que fue derrotada y cuyos jerarcas militares sobrevivientes fueron obligados a la capitulación incondicional en 1945, tras el ingreso triunfal del Ejército Rojo soviético a Berlín y el avance de los aliados, comandados por Estados Unidos, a través de Normandía, Francia, desde su famoso día D.

Cuando Japón parecía a punto de ser vencido por medio de armas convencionales, fueron arrojadas sobre Hiroshima y Nagasaki, por órdenes del presidente Harry Truman, las bombas atómicas que acabaron con las vidas de decenas de miles de seres humanos, en el acto y otros miles en el transcurso de los años siguientes...

Entre 1945 y 1990 quedaron como únicos grandes poderes internacionales las entonces llamadas superpotencias: Estados Unidos y la Unión Soviética y su peculiar enfrentamiento, condicionado por la posibilidad de un holocausto nuclear, fue llamado *guerra fría*, la que se sentía en caliente en diversos países ubicados en las consideradas zonas de influencia de esos colosos geopolíticos.

En ese mismo año de la derrota nazi (1945) fue aprobada la *Carta de las Naciones Unidas* con el deliberado propósito de evitar otra guerra mundial, partiendo del respeto a la soberanía nacional de cada Estado. Y años después (1961) también se aprobó la *Convención de Viena sobre Relaciones Diplomáticas*, poniendo énfasis en esa soberanía de cada Estado constituido y reconocido por los otros.

A pesar de esos dos extraordinarios compromisos internacionales, en documentos especialmente redactados y rubricados para evitar nuevos conflictos bélicos, en 1954 fue derrocado el régimen de Jacobo Arbenz, en Guatemala, con apoyo de los servicios de seguridad estadounidenses; en 1961 se montó una operación parecida contra Cuba, pero fracasó; en 1962 ocurrió la crisis de los misiles, cuando Estados Unidos presionó a la Unión Soviética para que retirara las armas que había instalado en Cuba, enfrentamiento que concluyó con el acuerdo de retiro simultáneo de misiles estadounidenses de Turquía y de los soviéticos en Cuba, después de verse en peligro la existencia misma de la nación cubana y de asegurarse verbalmente que no sería invadido su territorio por Estados Unidos. Todavía se estaba en la época de la llamada política del «buen vecino», iniciada por el presidente Franklin Delano Roosevelt tras sacar a los marines estadounidenses de Nicaragua y Haití, enfrentados a los movimientos de resistencia encabezados por Augusto César Sandino y Charlemagne Peralte, ambos asesinados posteriormente.

Los conflictos bélicos en las zonas de influencia de cada superpotencia continuaron con el inicio de la guerra en Vietnam (1964), la segunda invasión estadounidense a República Dominicana (1965), las intervenciones soviéticas en Checoslovaquia (1968) y Afganistán (1979), las invasiones estadounidenses a Granada (1983) y Panamá (1989) y la guerra en el golfo Pérsico (1990).

El desmembramiento de Yugoslavia (1993) por la OTAN y las intervenciones estadounidenses en Irak y Afganistán, a principios del siglo XXI, tras el polémico ataque a las Torres Gemelas en Nueva York, ocurrieron en el momento histórico del colapso del régimen soviético, cuando Estados Unidos aparecía nítidamente como única superpotencia mundial.

Pero este momento histórico de forcejeo entre superpotencias militares (Estados Unidos y Rusia), por un lado, y a más largo plazo de superpotencias económicas y militares (Estados Unidos y China), por la hegemonía militar, económica y política, es mucho más peligroso que aquellos previos a las dos grandes guerras por un factor que no existía entonces: las armas nucleares, cuyo uso deliberado o por accidente puede acabar incluso con la vida misma en este planeta, según advertencias de diversos expertos.

La principal autoridad militar de Estados Unidos, el presidente de la junta de jefes de estado mayor, general del cuerpo de marines Joseph Dunford, ha confirmado la volatilidad del momento histórico en el documento más apropiado para hacerlo: *La Estrategia Militar Nacional de los EUA 2015 (The National Military Strategy of the United States of America 2015)*, con estas preocupantes palabras:

El ambiente de seguridad global de hoy es el más impredecible que yo he visto en cuarenta años de servicio. *Desde que fue publicada la última Estrategia de Seguridad Nacional en el 2011,* **el desorden global se ha incrementado significativamente mientras algunas de nuestras ventajas militares**

comparativas han empezado a erosionarse. *Nosotros enfrentamos ahora múltiples y simultáneos retos de seguridad desde actores estatales tradicionales y cadenas transregionales de grupos subestatales – todos tomando ventaja del rápido cambio tecnológico.* ***Futuros conflictos surgirán más rápidamente, durarán más tiempo y tendrán lugar sobre un campo de batalla mucho más desafiante técnicamente.*** *Ellos tendrán implicaciones crecientes para Estados Unidos* [21].

Ese ambiente impredecible, sobre el cual alerta el alto militar estadounidense, se tornará más peligroso en la medida en que la República Popular China incremente su poderío bélico al mismo tiempo que vaya subiendo su producto interno bruto; con movimientos parecidos en Japón y Vietnam, como contrapeso al poder chino, y un considerable aumento

---

20 «**Today's global security environment is the most unpredictable I have seen in 40 years of service.** Since the last National Military Strategy was published in 2011, **global disorder has significantly increased while some of our comparative military advantage has begun to erode**. We now face multiple, simultaneous security challenges from traditional state actors and transregional networks of sub-state groups – all taking advantage of rapid technological change. **Future conflicts will come more rapidly, last longer and take place on a much more technically challenging battlefield.** They will have increasing implications to the U.S. homeland»(traducción del autor.).

del presupuesto militar en la India, que prevén los británicos para los próximos 30 años, hasta el punto de que el subcontinente asiático pueda convertirse en la tercera potencia militar para esa época, después de Estados Unidos y China en condiciones de paridad estratégica; Rusia quedaría en cuarto lugar y Europa también elevando sus gastos militares, lo que significaría un elemento adicional de inestabilidad y peligro para la humanidad.

Militarmente, China se está convirtiendo en más capaz y tiene un alcance global en incremento. **Para el 2045, la capacidad militar china puede estar compitiendo de cerca con la de Estados Unidos, quizás excediéndola en algunas áreas.** *La capacidad militar india estará también, probablemente, en incremento, pero seguramente no hasta el punto en que rivalice con China o Estados Unidos para el 2045 (Ministerio de Defensa de Gran Bretaña,* **Tendencias estratégicas globales hacia el 2045**, *Londres, 2014, p. xxiii)*[22].

---

22 «China's military is becoming more capable and has increasing global reach. By 2045, China's military capability may be close to matching that of the US, perhaps exceeding it in some areas. India's military capability is also likely to increase – but probably not to the point where it rivals that of China or the US by 2045»(Ministry of Defence (United Kingdom), *Global Strategic Trends – Out to 2045*, fith edition, 2014, London).

Esta apreciación de los ingleses, que tienen una experiencia de siglos en asuntos militares, coincide con los datos recientes de fuente estadounidense que hemos resumido en el prólogo de actualización sobre el rápido ascenso del poderío militar chino.

CAPÍTULO I
El peligro nuclear

«La humanidad debe poner fin a la guerra, antes de que la guerra ponga fin a la humanidad»– **John F. Kennedy**

Los más de doscientos mil muertos causados en el momento de la explosión de la primera bomba atómica en Hiroshima (6/8/1945) y de la segunda en Nagasaki, Japón, tres días después; y las devastaciones materiales sin precedentes contempladas por los sobrevivientes crearon de inmediato conciencia del extraordinario poder destructor de esas armas.

Ese golpe, literalmente demoledor, no dejó otra opción al emperador Hirohito y al alto mando militar japonés que la rendición incondicional, como ya había sido impuesta a los alemanes. Y lo más significativo es que la más alta autoridad japonesa, en el discurso pronunciado por radio a su pueblo apenas seis días después de la segunda explosión (15/8/1945), destacó que la nueva arma utilizada por los estadounidenses podía acabar, no solo con Japón, sino con toda la humanidad. Estos son los fragmentos principales:

> *La situación de la guerra se ha desarrollado no necesariamente en favor de Japón y las tendencias generales del mundo se han revertido en contra de los intereses del Imperio.* **Por otro lado, el enemigo ha comenzado a emplear una bomba nueva y muy cruel, cuyo poder para hacer daño es, en efecto, incalculable, inmolando a un enorme número de vidas inocentes.**
>
> **Si continuáramos combatiendo, no sólo resultaría en el desplome definitivo y aniquilación de la Nación japonesa, sino que conduciría a la extinción total de la civilización humana.**
>
> *De ser ese el caso, ¿cómo podríamos Nosotros salvar a los millones de nuestros súbditos y consolarnos Nosotros mismos ante los sagrados espíritus de nuestros ancestros imperiales?*
>
> *Esa es la razón por la que Nosotros hemos ordenado la aceptación de las disposiciones de la Declaración Conjunta de las Potencias* [23].

---

23 *http://www.exordio.com/1939-1945/codex/Documentos/hiroito-anuncia-rendicion.html.*

Quince años después de esta enorme tragedia, correspondió al nuevo presidente de Estados Unidos, John Fitzgerald Kennedy, advertir a la humanidad sobre el peligro de extinción por el uso de las armas nucleares, que para entonces ya las tenía también la Unión Soviética. El aviso resultaba más trascendente porque procedía del líder del mismo país del cual uno de sus presidentes (Truman) había dado la orden de lanzar las bombas atómicas contra Japón.

Kennedy hizo la grave advertencia en el mismo discurso de toma de posesión de su alto cargo, el 20 de enero de 1961, con breves palabras que eran una síntesis de la doctrina Monroe («América para los *americanos*»), el clima de la *guerra fría* de entonces y en perspectiva la posible destrucción de la humanidad:

...Sepan todos nuestros vecinos que nos sumaremos a ellos para oponernos a la agresión y la subversión en cualquier parte de América. Y sepa cualquier otra potencia que este hemisferio se propone seguir siendo el amo de su propia casa.

Pero tampoco es posible que dos grandes y poderosos grupos de naciones se sientan tranquilos en una situación presente que nos afecta a ambos, **agobiadas ambas partes por el costo de las armas modernas, justamente alarmadas ambas por la constante**

***difusión del mortífero átomo y compi-
tiendo, no obstante, ambas, por alterar
el precario equilibrio de terror que contiene la mano de la postrera guerra de la
humanidad...***

*Empecemos, pues, de nuevo, recordando en
ambas partes que la civilidad no es indicio de debilidad y que la sinceridad puede siempre poner-
se a prueba. No negociemos nunca por temor,
pero no tengamos nunca temor a negociar*[24].

Tocaría un año después al mismo Kennedy y al entonces líder soviético Nikita Kruschev tener en sus manos el destino de la humanidad por el enfrentamiento entre los dos colosos de aquel momento por la instalación de misiles en Cuba, para defender la isla de un posible ataque estadounidense.

Tras un peligroso forcejeo, una «prueba de fuerza», los soviéticos decidieron retirar sus armas nucleares de Cuba, a condición de que los estadounidenses sacaran de Turquía otros misiles y la promesa informal de que Estados Unidos no invadiría la isla caribeña.

El líder cubano Fidel Castro había planteado a Kruschev, en una carta del 25 de octubre del 1962, que **«la Unión Soviética nunca debe permitir**

____

24 John a. Barnes, *JHON F: KENNEDY - Su liderazgo*, Nashville (EUA), 2009, p.18

las circunstancias en que los imperialistas puedan lanzar el primer ataque nuclear».

Kruschev explicó a Castro en una extensa misiva, del 30 de octubre del 1962, lo que habría significado una guerra nuclear con Estados Unidos:

> *Hemos vivido unos momentos muy graves, una guerra termonuclear global pudo haber estallado. Por supuesto,* **los Estados Unidos habrían sufrido enormes pérdidas, pero la Unión Soviética y todo el bloque socialista también habrían sufrido grandemente. Es difícil decir cómo habrían terminado las cosas para el pueblo cubano. Ante todo, Cuba se habría quemado en los fuegos de la guerra. Sin duda, el pueblo cubano habría luchado valientemente, pero, también sin duda, el pueblo cubano habría perecido heroicamente....** *Las medidas que hemos adoptado nos han permitido alcanzar el objetivo que establecimos cuando decidimos enviar los cohetes a Cuba. Hemos obtenido de Estados Unidos el compromiso de no invadir a Cuba y de no permitir que sus aliados latinoamericanos lo hagan. Hemos logrado todo esto sin una guerra nuclear«*[25] .

----

25 https://www.marxists.org/espanol/khrushchev/1962/oct/30.htm.

Apenas un año después de la crisis de los misiles en Cuba, el papa Juan XXIII advertía con énfasis contra el peligro nuclear, sobre la posibilidad de que incluso por accidente pudiera ocurrir una catástrofe que amenazara con aniquilar a los seres humanos. El grito de alarma está contenido en su famosa encíclica *Paz en la Tierra*:

> *...Los pueblos viven bajo un perpetuo temor, como si les estuviera amenazando una tempestad que en cualquier momento puede desencadenarse con ímpetu horrible. No les falta razón, porque las armas son un hecho. Y si bien parece difícilmente creíble que haya hombres con suficiente osadía para tomar sobre sí la responsabilidad de las muertes y de la asoladora destrucción que acarrearía una guerra; resulta innegable, en cambio, que un hecho cualquiera imprevisible puede de improviso e inesperadamente provocar el incendio bélico. Y, además, aunque el poderío monstruoso de los actuales medios militares disuada hoy a los hombres de emprender una guerra, siempre se puede, sin embargo, temer que los experimentos atómicos realizados con fines bélicos, si no cesan, pongan en grave peligro toda clase de vida en nuestro planeta* [26].

---

26 Papa Juan XXIII, *Encíclica Paz en la Tierra*, Roma, 1963 http://w2.vatican.va/content/john-xxiii/es/encyclicals/documents/hf_j-xxiii_enc_11041963_pacem.html .

Los gobiernos latinoamericanos y caribeños dieron un paso de trascendental importancia al firmar el *Tratado de Tlatelolco*, convirtiendo la región en una zona desnuclearizada, alejándola de la posibilidad de que este inmenso territorio sea objeto de ataques con ese tipo de armas, evitando una carrera armamentista y el derroche de recursos por ese concepto; al tiempo que hacían un extraordinario aporte a la humanidad.

Llama la atención que este convenio fue suscrito en una época en que había tantas dictaduras, represión y atraso político en el subcontinente. A pesar de lo cual, los gobernantes de entonces, en representación de cada Estado, aprobaron el *Tratado de Tlatelolco*.

En el artículo I del convenio firmado en Ciudad México, en el significativo 14 de febrero del año 1967, queda expresamente establecida la obligación contraída:

1. *Las Partes Contratantes se comprometen a utilizar exclusivamente con fines pacíficos el material y las instalaciones nucleares sometidos a su jurisdicción y a **prohibir e impedir en sus respectivos territorios:***

    a. ***El ensayo, uso, fabricación, producción o adquisición, por cualquier medio, de toda arma nuclear, por sí misma, directa o***

> ***indirectamente, por mandato de terceros
> o en cualquier otra forma, y***
>
> **b.** ***El recibo, almacenamiento, instalación,
> emplazamiento o cualquier forma de po-
> sesión de toda arma nuclear,*** *directa o in-
> directamente, por sí mismas, por mandato de
> terceros o de cualquier otro modo.*

> 2. *Las Partes Contratantes se comprometen, asimis-
> mo, a **abstenerse de realizar, fomentar o au-
> torizar, directa o indirectamente, el ensayo,
> el uso, la fabricación, la producción, la po-
> sesión o el dominio de toda arma nuclear** o
> de participar en ello de cualquier manera*[27].

Al iniciar el 1968, poco antes de abandonar el
cargo de secretario de Defensa, tras ocuparlo por
7 años en medio de acontecimientos extraordinarios, el estadounidense Robert S. McNamara escribió un libro en que resumió sus experiencias, análisis e informes oficiales sobre el grave peligro en que
se encuentra la humanidad por la simple existencia
de las armas nucleares.

McNamara hizo numerosos y agudos planteamientos que debieron servir de advertencia y guía
a los seres racionales que han gobernado y legislado

---

27 http://www.opanal.org/texto-del-tratado-de-tlatelolco/

en las grandes potencias para iniciar la destrucción total de las armas nucleares hace casi medio siglo, cuando fue escrito *La Esencia de la Seguridad*:

> *En un mundo complejo e inseguro, el problema más grave con que ha de enfrentarse un secretario de Defensa de los Estados Unidos es el del planeamiento, preparación y política contra la posibilidad de una guerra termonuclear. Se trata de una perspectiva que, comprensiblemente, la mayor parte de la humanidad preferiría no contemplar, porque la* **tecnología nos tiene ahora a todos circunscritos por un horizonte de horror que podría dejar pequeña a cualquier catástrofe acaecida al hombre** *en el millón de años largo que lleva existiendo sobre la Tierra.*
>
> *El hombre vive desde hace más de veinte años en lo que hemos venido en llamar la Era Atómica. Lo que a veces pasamos por alto es que cualquier era futura del hombre será una era atómica y,* **si es que el hombre ha de tener algún futuro, éste tendrá que estar bajo la sombra de la posibilidad permanente del holocausto nuclear»**[28].

---

28 Robert S. McNamara, *La Esencia de la Seguridad*, Barcelona-México, 1969, p. 63.

Esta inquietante, casi cínica, duda, sobre si el hombre ha de tener algún futuro, debió ser contestada desde entonces, con hechos, con un contundente SI; y la afirmación sobre la posibilidad del holocausto nuclear con un más contundente NO, iniciando la destrucción total de las armas nucleares. Por desgracia, **irracionalmente**, los más de siete mil millones de seres humanos de hoy vivimos **«bajo la sombra de la posibilidad permanente del holocausto nuclear»**.

Parece un tema para desequilibrados, pero involucra a toda la humanidad. Por eso, McNamara advierte:

*Nadie que esté cuerdo, ningún ciudadano, dirigente político ni nación, desea la guerra termonuclear. **Pero no desearla no es suficiente. Tenemos que entender las diferencias entre acciones que aumentan su riesgo, acciones que lo reducen** y acciones que, siendo costosas, tienen poca influencia en un sentido o en el otro. Pero hay una gran dificultad en el modo de discutir el tema de manera constructiva y provechosa; y esa dificultad es la complejidad extraordinaria de la estrategia nuclear. A menos que esas complejidades sean bien entendidas, la discusión racional y la toma de decisiones son imposibles»(ob. cit. p. 64).*

Apenas un año después de la firma del *Tratado de Tlatelolco*, en el mismo año en que McNamara escribió su obra, síntesis de informes al Congreso y a la Casa Blanca, se concretó el *Tratado de No Proliferación de las Armas Nucleares*, con la participación de las grandes potencias nucleares: Estados Unidos y la Unión Soviética, además de Inglaterra, que figuraron como principales impulsores y gobiernos depositarios de los documentos.

Este *Tratado* parece dirigido, principalmente, a conservar el *estatus quo* favorable a los poseedores de armas nucleares y limitar la adquisición por otros países, aunque también plantea el desarme general. Veamos sus artículos I y VI:

Cada Estado poseedor de armas nucleares que sea Parte en el Tratado se compromete a no traspasar a nadie armas nucleares u otros dispositivos nucleares ni el control sobre tales armas o dispositivos explosivos, sea directa o indirectamente; y a no ayudar, alentar o inducir en forma alguna a ningún Estado no poseedor de armas nucleares a fabricar o adquirir de otra manera armas nucleares u otros dispositivos nucleares explosivos, ni el control sobre tales dispositivos explosivos.........

Cada Parte en el Tratado se compromete a celebrar negociaciones de buena fe sobre

medidas eficaces relativas a la cesación de la carrera de armamentos nucleares en fecha cercana y al desarme nuclear*; y sobre un desarme general y completo, bajo estricto y eficaz control internacional* [29].

El autor que analiza este *Tratado* se refiere también al delicado tema de la no posesión de armas nucleares por parte de Alemania, la potencia hegemónica en Europa por más de un siglo, a pesar de dos derrotas en las grandes guerras; y la coincidencia de intereses de otras potencias, contrarias entre sí, porque no las adquiera, pese a su capacidad económica y tecnológica para fabricarlas.

Una Alemania Occidental con armas nucleares haría que perdieran estabilidad las relaciones de poder tanto entre el Oriente y el Occidente como entre los aliados occidentales....*El futuro de Alemania como uno o dos Estados deberá ser el de un país sin armas nucleares. En este punto convergen los intereses de los Estados Unidos, la Unión Soviética, el Reino Unido y Francia, así como los otros Estados europeos más pequeños y menos poderosos. Por fortuna, la mayoría de los alemanes occidentales reconocen también*

---

29 Mason Wilrich, *¡ARMAS NUCLEARES! – Tratado de la No Proliferación*, México, 1971, apéndices A y C.

que este es un hecho inevitable de su vida política (ob. cit. p. 34).

Precisamente en el año de firma del *Tratado de No Proliferación de Armas Nucleares* se mencionó la posibilidad de volver a emplearlas por parte de los estadounidenses para frenar la extraordinaria ofensiva vietnamita de esa época. Ese tema se discutió especialmente en la prensa europea, al que dio seguimiento el camarada Orlando Martínez, residente entonces en ese continente, y con quien conversó repetidas veces el autor cuando se encontró con él en Moscú, a mediados de 1969.

Los vietnamitas fueron lo suficientemente inteligentes, incluso procediendo a retiradas tácticas que aparentemente retrasaban su victoria, para evitar que los estadounidenses usaran explosivos nucleares en esa guerra. Con una primera bomba atómica lanzada sobre Vietnam la dirección política de la guerra habría escapado de sus manos y pasado a la entonces Unión Soviética, hoy Rusia, la potencia en capacidad de hacer frente a los estadounidenses en ese escenario. En esas circunstancias, la soberanía nacional de Vietnam habría estado a merced de las negociaciones entre las superpotencias, no de su veterana dirigencia.

Pocos años después, cuando Kissinger comenzó sus viajes a Pekín y conversó con Mao Zedong,

Chou En Lai y otros dirigentes, escuchó de éstos el planteamiento de que la República Popular China se sentía tan segura de sí misma, de su inmensa población y cultura milenaria, que podría sobrevivir incluso a una guerra nuclear.

> *(Mao) afirmó ser **impermeable a las amenazas nucleares; en efecto, en público se mostró dispuesto a asumir centenares de millones de víctimas**, incluso confesó que ello podría garantizar una victoria más rápida de la ideología comunista. Nadie puede afirmar si Mao creía sus propias declaraciones sobre la guerra nuclear. Consiguió, no obstante, que el resto del mundo creyera que hablaba en serio: una prueba de credibilidad definitiva*[30].

Y en vísperas de la visita del entonces presidente Richard Nixon a Moscú, en ese mismo año, «se hablaba de la **desesperada posibilidad del empleo de armas atómicas limitadas en la guerra indochina**», según testimonia el corresponsal internacional mexicano Luis Suárez, parte de la delegación de la prensa extranjera en los viajes de Nixon a Pekín y Moscú en ese año 1972[31].

---

30 Henry Kissinger, *CHINA*, Barcelona, 2012, p. 120.
31 Luis Suárez, *FIN DEL CHANTAJE ATÓMICO*, México, 1975, p. 167.

Otros autores se refieren también a diversas ocasiones en que casi todos los presidentes estadounidenses contemplaron la posibilidad de utilizar las armas nucleares llamadas *tácticas*, en conflictos bélicos de difícil solución que ponían en entredicho el prestigio y la hegemonía estadounidenses.

La Conferencia Internacional de Partidos Comunistas de 1969 en Moscú, sin la presencia de los chinos ni, por supuesto, de agrupaciones maoístas, y el sangriento enfrentamiento armado de tropas chinas y soviéticas de final de ese mismo año sellaron definitivamente la división entre esos dos colosos, por encima de la común doctrina marxista-leninista, pero con interpretaciones teóricas diferentes y de intereses nacionales de gran potencia, en ambos casos.

Las diferencias tenían raíces profundas: la expansión del viejo principado de Moscú que arrebató inmensos territorios a los chinos para formar el vasto imperio ruso, la interpretación sobre que el campesinado debía ser la vanguardia de la revolución en las condiciones específicas de China, no el proletariado; la negativa rusa ayudar a los chinos a fabricar armas atómicas, la retirada de asesores económicos soviéticos a principios de los años sesenta, con un fuerte impacto negativo en el proceso de industrialización de China, y la intervención soviética en Checoslovaquia, en 1968.

Después del sorpresivo viaje a la República Popular China, preparado minuciosamente por su principal asesor, el germanoamericano Henry Kissinger y su equipo, Nixon acentuó de hecho esa división y sacó ventajas al diferendo socialista con otro viaje a Moscú, en ese mismo 1972, un año electoral en Estados Unidos. Por supuesto, el tema de las armas nucleares era de primer orden en ese contexto.

Es valiosísimo el testimonio del corresponsal mexicano Luis Suárez sobre ese momento histórico, el de las Conversaciones sobre Limitación de Armas Estratégicas – *Strategic Armies Limitation Talks (SALT)*:

*En solo 6 minutos de ceremonia, ya pasadas las 11 de la noche, se dio validez y circulación a los acuerdos militares más importantes suscritos por la Unión Soviética y los Estados Unidos después de la (II) guerra (mundial). Brezhnev puso su firma junto a la de Nixon. Estuvieron presentes los inseparables hombres de Helsinki (los principales negociadores): Smith y Semenov. **Todo el sentido de los dos tratados:** el de la limitación de los sistemas de defensa anticoheteril y el provisional para la limitación de los armamentos estratégicos ofensivos, **se concentra en la necesidad de evitar una guerra nuclear que tendría devastadoras***

consecuencias para toda la humanidad. *Las partes —se escribe en el preámbulo del primer tratado— toman en consideración sus compromisos adquiridos de acuerdo con el Tratado de no Proliferación de Armas Nucleares y declaran 'su propósito de lograr, en la mayor brevedad posible, el cese de la carrera de armamentos nucleares y de tomar medidas eficaces orientadas a la reducción de armamentos estratégicos, el desarme nuclear y el desarme general y completo; deseando contribuir al alivio de la tensión internacional y al fortalecimiento de la confianza entre los Estados (ob. cit. p. 243).*

Al año siguiente, 1973, tocó al líder soviético Leonid Breshnev visitar a Richard Nixon en Estados Unidos y firmar nuevos documentos que afianzaran el entendimiento para evitar una catástrofe nuclear. En el artículo I de un acuerdo sobre prevención de la guerra nuclear se estableció lo siguiente:

*La Unión Soviética y los Estados Unidos **aceptan que el objetivo de su política es alejar el peligro de guerra nuclear y de empleo de las armas nucleares.** En correspondencia, las partes convienen que actuarán en forma tal que se prevenga el surgimiento de situaciones que motiven una exacerbación* *peligrosa de sus relaciones,* **que evite las confrontaciones militares y que excluya el estallido de guerra nuclear entre ellas** *y entre cada una de las partes y otros países* [32].

En 1975 se realizó la famosa Conferencia de Helsinki (Finlandia), tras una cuidadosa preparación, con la participación de todos los estados europeos, más Estados Unidos y Canadá, es decir, las naciones consideradas más poderosas de los dos lados del Atlántico, continuadoras de la civilización occidental.

Los principios de convivencia ratificados en el *Acta Final de la Conferencia sobre Seguridad y la Cooperación en Europa* (1 de agosto de 1975) están contenidos, en esencia, en la *Carta* de las Naciones Unidas y la *Convención de Viena sobre Relaciones Diplomáticas,* en particular la «igualdad soberana, respeto de los derechos inherentes a la soberanía»y la «abstención de recurrir a la amenaza o al uso de la fuerza».

Lo específico de este cónclave fue la ratificación de las fronteras tras la Segunda Guerra Mundial, sentar a los representantes de la Alemania Occidental y la República Democrática Alemana (Helmut Schmidt y Erich Honecker) uno al lado del otro, en igualdad de condiciones jurídicas; enfatizando que esos principios se respetarían entre los

32 Agencia de Prensa Novosti, *Conversaciones URSS-EEUU – Documentos,* Moscú, 1973, p. 59.

Estados participantes «**independientemente de sus sistemas políticos, económicos o sociales,** así como de su tamaño, situación geográfica o nivel de desarrollo económico»[33].

En un apartado final, sobre «cuestiones relativas a la puesta en práctica de algunos de los principios arriba enunciados», se recalcó más de una vez que los Estados participantes «respetarán y harán efectiva la abstención de recurrir a la amenaza o al uso de la fuerza».

Y como cuestión específica esencial se acordó: «Adoptar medidas efectivas que por su alcance y por su carácter constituyan **pasos encaminados al objetivo final del desarme general y completo bajo un control internacional estricto y eficaz**» (*ob. cit.*).

Todos estos acuerdos fueron vistos entonces como un triunfo de la política exterior de coexistencia pacífica de la entonces Unión Soviética y sus aliados frente a los Estados Unidos, Alemania Occidental y sus socios de la Organización del Tratado del Atlántico Norte (OTAN). El único apartado que se entendió favorable a los valores occidentales, en la jerga de la lucha ideológica de esa época, fue el «7. Respeto de los derechos humanos y de las libertades fundamentales, incluida la libertad de pensamiento, conciencia, religión o creencia».

---

33 *http://www.historiasiglo20.org/TEXT/helsinki1975.htm.*

¿Por qué fue posible sentar en Helsinki al entonces presidente de Estados Unidos, Gerard Ford, para firmar estos acuerdos con Erich Honecker, presidente de la desaparecida República Democrática Alemana, al lado; más Leonid Breshnev y otros dirigentes de los llamados países socialistas europeos? De seguro, entre otros factores, porque ya Estados Unidos había sido vencido en Vietnam y porque Ford no era un presidente electo, fue escogido tras la renuncia de Nixon (por el caso Watergate); cuyo vicepresidente, Spiro Agnew, también había tenido que dimitir para evitar ser enjuiciado por presuntos actos de corrupción.

En esa época, los expertos estadounidenses que vinieron a dictar conferencias al Instituto Cultural Dominico-Americano en Santo Domingo hablaban de una «latinoamericanización»de la política en su país, comparando la inestabilidad por las dos renuncias, de un vicepresidente y su presidente, en Norteamérica con los numerosos problemas que han surgido en América Latina en diversos gobiernos; algunos de ellos presionados por la acción combinada de compañías estadounidenses, como la *United Fruit Company,* y la acción del Departamento de Estado y otros organismos oficiales dirigidos por antiguos servidores de esas mismas empresas, como John Foster Dulles, ex abogado de la *Mamita Yunai,* según le llamaban en Centroamérica, y secretario de Estado en el momento del derrocamiento del gobierno del guatemalteco Jacobo Arbenz.

En lo que sería la otra cara de esa «latinoamericanización», en el mismo año de 1975 el entonces presidente venezolano Carlos Andrés Pérez, fortalecido por las alzas de precios del petróleo acordadas por la OPEP, escribía al mismo Gerard Ford en términos respetuosos pero enérgicos, casi de «tú a tú»:

> *Pienso como usted que* **los problemas de la economía internacional no pueden ni deben tratar de resolverse en forma unilateral por un país o grupo de países**, *sea cual fuere su grado de desarrollo o la importancia que él o ellos tengan dentro de la estructura de la economía mundial. Siempre hemos sido partidarios de un diálogo verdaderamente amplio y sincero para* **reformar la estructura injusta del actual sistema económico internacional**... *En nuestro concepto,* **las políticas económicas y monetarias de los países industrializados han sido y continúan siendo el factor principal de los problemas que confrontan** *esas economías»*[34].

---

[34] *http://www.fordlibrarymuseum.gov/library/document/0351/1555872.pdf*

Al final del año anterior, 1974, el Gobierno mexicano, encabezado por Luis Echeverría Alvarez, había logrado que se aprobara por la asamblea general de la ONU la *Carta de los derechos y deberes económicos de los Estados*, en la cual se sintetizaban numerosas reivindicaciones de Africa, Asia y América Latina, «tercermundistas», parecidas a las planteadas por Carlos Andrés Pérez en su misiva al doblemente debilitado estadista estadounidense.

Después de reafirmar los principios generales de la *Carta de la ONU*, especialmente sobre la soberanía política, la *Carta de los derechos y deberes económicos de los Estados* plantea en su capítulo dos:

Artículo 1. – Todo Estado tiene el derecho soberano e inalienable de elegir su sistema económico, así como su sistema político, social y cultural, de acuerdo con la voluntad de su pueblo, sin injerencia, coacción ni amenaza externas de ninguna clase.

Articulo 2. –

1. *Todo Estado tiene y ejerce libremente soberanía plena y permanente, incluso posesión, uso y disposición sobre toda su riqueza, recursos naturales y actividades económicas.*
2. *Todo Estado tiene el derecho de: a) reglamentar y ejercer autoridad sobre las inversiones*

extranjeras dentro de su jurisdicción nacional con arreglo a sus leyes y reglamentos y de conformidad con sus objetivos y prioridades nacionales. Ningún Estado deberá ser obligado a otorgar un tratamiento preferencial a la inversión extranjera...[35].

Y en su artículo 15 enfatiza el tema del desarme general y completo como un deber de los Estados firmantes de dicha *Carta:*

> *Todos los Estados tienen **el deber de promover el logro de un desarme general y completo bajo un control internacional eficaz** y de utilizar los recursos liberados como resultado de las medidas efectivas de desarme para el desarrollo económico y social de los países, asignando una proporción considerable de tales recursos como medios adicionales para financiar las necesidades de desarrollo de los países en desarrollo (ob. cit.).*

Por esa época, mediados de los setenta, se afianzaban regímenes militares latinoamericanos de orientación nacionalista y con alguna inclinación social, aunque con la tradicional vocación autoritaria, especialmente en Perú y Panamá, bajo la dirección de

---

35 http://www.memoriapoliticademexico.org/Textos/6Revolucion/1974CDD.html

los generales Velasco Alvarado y Omar Torrijos. Este último logró la renegociación del tratado del canal de Panamá con el presidente estadounidense Jimmy Carter, recurso natural que hoy aporta cuantiosos beneficios a ese pueblo centroamericano.

Estos y otros militares latinoamericanos fueron inspirados por el ejemplo del dominicano coronel Francisco Alberto Caamaño, quien, a pesar de haber sido entrenado por los estadounidenses, enfrentó al embajador y las tropas de ese país en 1965, como continuación del movimiento democrático de retorno a la constitucionalidad sin elecciones, iniciado por su predecesor, el teniente coronel Rafael Tomás Fernández Domínguez y continuado antes por el coronel Hernando Ramírez. Ese acontecimiento dominicano, prodemocrático y nacionalista, influyó también en la reevaluación en Latinoamérica del rol de las tradicionalmente represivas Fuerzas Armadas, especialmente en Uruguay.

El 1979 fue otro año trágico para la paz mundial. Comenzó con un ataque del Ejército Popular de Liberación de China contra su vecino Vietnam. Hubo miles de bajas por ambos lados, pero las tropas chinas tuvieron que retirarse en pocos días, tras penetrar decenas de kilómetros en territorio vietnamita. Este movimiento relativamente rápido evitó mayores complicaciones con una posible implicación de Moscú en el conflicto. Los herederos de Ho Chi Minh y Vo Nguyen Giap demostraron su condición de veteranos en estas guerras.

Las interpretaciones fueron diversas sobre ese choque aberrante entre quienes se consideraban aliados hasta hacía poco tiempo. Se especuló entonces que los chinos habrían querido alejarse de sus antiguos aliados y ganar confianza política de los estadounidenses para ampliar e intensificar sus relaciones.

Al final de ese mismo año ocurrió la enigmática intervención soviética en Afganistán. Esta ocupación militar desmentía todo el afán de la dirigencia de ese país a favor de la distensión internacional, justificaba las acusaciones de «socialimperialismo»que se hacía a la entonces URSS, la aislaba políticamente y, peor aún, echaba por el suelo un trabajo de años, especialmente de Cuba, Vietnam y Yugoslavia, que había colocado a la Rusia soviética y otros países socialistas como «aliados naturales»-del vasto Movimiento de Países No Alineados.

Al autor de esta obra cupo el incómodo honor de haber sido el único, entre más de setenta representantes de partidos comunistas de todo el mundo, que criticó esa acción intervencionista del Ejército Rojo soviético en las discusiones que surgieron en el consejo de redacción de la *Revista Internacional*, en Praga. Y lo hizo partiendo de la crítica del Partido Comunista Dominicano a la intervención soviética en Checoslovaquia, en 1968, pues el tema comenzó a debatirse en la capital checa antes de que los delegados recibieran documentos con las posiciones de sus respectivas organizaciones (no existía Internet entonces).

Al delegado dominicano tocó escuchar argumentos tan sorprendentes sobre la acción soviética como el del representante del Partido Guatemalteco del Trabajo, quien se sintió con derecho a decir que exigía a quien escribe que apoyara a la Unión Soviética porque su partido (el PGT) había sido solidario con el pueblo dominicano cuando su territorio fue invadido por tropas estadounidenses en 1965. !Como si la víctima en ese momento hubiese sido la URSS, en vez de Afganistán! A esos extremos llegaba el fanatismo prosoviético de entonces.

Después de tensos debates en Praga, el autor viajó en esos días a Moscú, donde debía tratar con la Agencia de Prensa Novosti una posible corresponsalía en Santo Domingo, por recomendación de la dirección de su partido. Los ejecutivos de APN le pidieron que escribiera un artículo sobre la «acción solidaria»de Moscú en Afganistán, la cual supuestamente había sido apoyada por el partido que representaba en Praga, según un cable internacional fechado en San José de Costa Rica.

El delegado dominicano se negó a escribir sobre el conflictivo tema, salvo que viera el texto completo sobre la posición de su partido en su vocero oficial, el semanario *Hablan los COMUNISTAS*. Los ejecutivos de Novosti dijeron, entonces, que no podía ser corresponsal en Santo Domingo de la APN.

También le tocó discutir en Moscú sobre la invasión soviética en Afganistán con Kiva Maidanik, un científico social amigo por años de la dirección del Partido Comunista Dominicano, con quien se podía hablar abiertamente sobre diversos problemas, caminando por estrechas y amplias calles de Moscú, lejos de las habitaciones hoteleras.

Pero en ninguna de las discusiones encontró quien escribe una razón valedera que justificara esa acción militar. No había tropas de otro país amenazando Afganistán en ese momento, ni nada parecido a una agresión externa, que justificara el envío de las tropas rusas.

A 37 años de aquel intrincado y peligroso acontecimiento, la única explicación que se le ocurre al autor es que ese ataque al pueblo afgano fue motivado por los conflictos internos entre los grupos soviéticos. Los ortodoxos, los «duros», quisieron aumentar la tensión internacional para posicionarse mejor internamente, en momentos en que se hacía evidente la necesidad de reformas políticas en la entonces URSS, con posibles desplazamientos de viejos dirigentes. **Un interés grupal complicó todo el mundo...**

Desde una década atrás, personalidades de prestigio, entre ellas el científico nuclear Andrei Sajarov, planteaban la necesidad de que se hicieran cambios en la economía, política y el aparato burocrático soviéticos. Sajarov decía que amigos extranjeros comparaban a la Rusia soviética con un potente camión, cuyo conductor ponía un pie en el acelerador y el otro sobre el freno, causando estancamiento en todos los órdenes.

Estos acontecimientos complejísimos ocurrían en la senectud de Leonid Breshnev, cuando la dirigencia soviética debía renovarse, pero la gerontocracia dificultaba el tránsito generacional. Cuando se esperaba el ascenso de Mijaíl Gorbachov a la posición de segundo secretario del comité central del Partido Comunista de la Unión Soviética, como escalón al máximo liderazgo, surgió la fórmula híbrida de otros dos ancianos enfermos: Yuri Andrópov y Konstatin Chernenko.

Este era el asistente principal de Breshnev, su sombra. «Cuando desaparezca Breshnev, desaparecerá la sombra», decía Kiva Maidanik en sus interesantes paseos. Pero no sucedió así. Al parecer, Chernenko era más que una sombra o Breshnev tuvo tanto poder como el emperador romano Adriano (s. II D.C), quien designó al sucesor, Antonino Pío, e impuso el siguiente heredero, Marco Aurelio.

Ya investido como el segundo hombre más poderoso de una de las dos superpotencias, Chernenko hizo su primer viaje al extranjero con motivo del XXII congreso del Partido Comunista Francés, en 1982. Por coincidencia, al autor correspondió ser el delegado dominicano a ese evento y, por pura casualidad, pudo toparse con Chernenko, extrañamente solo por unos minutos, en un pasillo de un hotel de París, donde estábamos alojados los delegados extranjeros. Era un hombre de baja estatura, aparentemente tímido, parecido a un *mujik* (campesino) con saco y corbata. No tenía pinta de estadista, aunque luego, cuando ascendió al primer puesto tras la rápida desaparición de Andrópov, en las fotos oficiales de medio cuerpo lucía esbelto, erguido (**en las manos de ese hombre común estuvo el destino de buena parte de la humanidad por un breve período**).

Por esos años, el papa Juan Pablo II hizo una enérgica condena a las armas nucleares en el lugar más apropiado, en la misma Hiroshima, en un discurso pronunciado el 25 de febrero de 1981 en la Universidad de la Paz, auspiciada por la ONU. El Pontífice habló ante decenas de científicos de diversas áreas, con estas claras palabras de advertencia:

En Hiroshima los hechos hablan por sí mismos, en un modo dramático, inolvidable y único. De cara a la inolvidable tragedia, que nos atañe a todos como seres humanos. ¿Cómo podemos dejar de expresar nuestra fraternidad y nuestra profunda simpatía ante la espantosa herida inflingida a las ciudades del Japón que tienen los nombres de Hiroshima y Nagasaki? **Esa herida afectó a la totalidad de la familia humana. Hiroshima y Nagasaki: pocos acontecimientos en la historia han tenido tanta repercusión sobre la conciencia del hombre.** *Los representantes del mundo de la ciencia no fueron los menos afectados por la crisis moral causada en todo el mundo por la explosión de la primera bomba atómica. La mente humana, en efecto, ha hecho un terrible descubrimiento. Advertimos con horror que la energía atómica podría ser desde entonces utilizada como arma de devastación: supimos entonces que esta arma terrible había sido de hecho usada, por vez primera, para fines militares.* **Y ahí surgió la pregunta que ya nunca nos dejará: ¿esta arma, perfeccionada y multiplicada más allá de toda medida, será usada mañana? Si así fuese, ¿no destruiría probablemente la familia humana, sus miembros y todos los logros de la civilización** [36]**?**

---

36 *http://w2.vatican.va/content/john-paul-ii/es/speeches/1981/february/documents/hf_jp-ii_spe_19810225_giappone-hiroshima-scienziati-univ.html*

Imprevistos

En los últimos 70 años, es decir, desde que empezó la era atómica con el bombardeo a Hiroshima y Nagasaki, han ocurrido diversos imprevistos que han colocado a la humanidad al borde de un desastre nuclear. Para algunos autores, no ha ocurrido un holocausto porque la humanidad ha tenido mucha suerte.

Uno de los eventos más significativos sucedió en el año 1983 cuando las computadoras del sistema defensivo de la Rusia soviética detectaron un cohete intercontinental que se dirigía a su territorio. De acuerdo con el protocolo y las órdenes dadas, el jefe de las fuerzas coheteriles debió responder de inmediato al presunto ataque.

En esos momentos de duda y tensión al máximo hay más posibilidades de equivocarse, de cometer errores graves e irreversibles. El tema ha sido tratado en más de un ensayo publicado en el semanario internacional, en español, del muy conocido diario estadounidense *The New York Times*. Pero, por suerte, el militar soviético tuvo suficiente sentido común y pensó que un ataque debía ser masivo, devastador; no de uno o pocos misiles. En ese contexto, tuvo suficiente sangre fría para esperar, desobedeciendo lo establecido sobre la respuesta inmediata.

Hay todavía algo más inquietante sobre este incidente. Stanislav Petrov no estaba originalmente programado para estar de guardia esa noche. **Si no hubiera estado allí, es posible que otro oficial no hubiera cuestionado las alarmas de los ordenadores y hubiera disparado los misiles llevando al mundo a un holocausto nuclear**. *Al final resultó que este incidente terminó, afortunadamente, para América y para el mundo. Pero, por desgracia, para Stanislav Petrov arruinó su carrera y su salud y lo privó de su tranquilidad. Esta es una deuda que el mundo nunca será capaz de pagar (negritas del original).*

La alarma de 1983 se produjo apenas semanas después de que los pilotos soviéticos derribaran el vuelo 007 de Corea Air Lines, matando a las 269 personas a bordo, incluyendo a muchos estadounidenses, **elevando los niveles de alerta de las fuerzas nucleares de los EEUU en Europa para simular la preparación de un ataque** *(negritas de AHF).*

La historia de estos hechos no vio la luz hasta el año 1998 y fue conocida con el nombre del 'incidente del equinoccio de otoño'. La explicación a lo sucedido fue bien sencilla: los radares antimisiles colocados en los satélites estaban configurados para detectar cualquier variación en la señal térmica. **Un cúmulo de casualidades hizo que la Tierra, el Sol y los satélites quedasen alineados debido a la entrada del equinoccio de otoño, que se producía en esas fechas. Los aparatos lo detectaron y lo interpretaron como misiles nucleares**[37].

Este es uno de los ejemplos que demuestran de manera clara cuán frágil es la frontera que separa la supervivencia de la humanidad de un posible desastre nuclear que signifique la muerte de decenas, centenares e incluso millares de seres humanos. O, peor aún, que las explosiones nucleares hagan inviable la continuación de la vida en este planeta, por un desequilibrio ecológico irreversible, según temen algunos científicos.

Y demuestra cuan irracional es que se mantenga la existencia de esas armas nucleares, en vez de proceder a su destrucción total y prohibición definitiva de que vuelvan a fabricarse. Lo peor es que no se asimilan adecuadamente las dramáticas experiencias registradas. El buen juicio y la heroica acción del teniente coronel Petrov, de no apretar el botón nuclear, debieron servir para mantenerlo en las Fuerzas Armadas soviéticas, ascenderlo, generalizar su experiencia entre otros oficiales y hacer precisiones al protocolo de respuesta inmediata,

37 *http://www.unjubilado.info/2011/11/03/la-noche-en-la-que-pudo-estallar-la-tercera-guerra-mundial/.*

por lo menos. Pero sucedió lo contrario, primó la irracionalidad burocrática de la orden dada, que debía ser obedecida por encima del sentido común y el conocimiento.

Y esta actitud burocrática errática ha primado no solo en la Rusia soviética sino también entre los militares estadounidenses, desde la época del presidente Kennedy. En la obra citada sobre el estadista estadounidense se relata un momento de tensión en que pidió explicación a la junta de comandantes en jefe sobre posibles respuestas a presuntos ataques nucleares. El relato es escalofriante...

Armados de caballetes y grandes hojas de papel, la junta de jefes de estado mayor presentó al presidente el peor de los planes bélicos del país. Se identificaron más de tres mil setecientos objetivos en la Unión Soviética y China comunista. Con la autorización presidencial, esos objetivos serían bombardeados por más de tres mil armas nucleares estadounidenses. En cualquier momento dado, le dijeron a Kennedy, más de mil quinientos misiles y bombarderos estaban en alerta de quince minutos, con un cincuenta por ciento de la flota de bombarderos de largo alcance B-52...

Al preguntarle si era posible ejecutar sólo una parte del plan, el presidente de la junta de

jefes de estado mayor, el general Lyman Lemnit-
zer, respondió que tal curso de acción implicaría
'graves riesgos...No hay mecanismo eficaz para
un rápido y nuevo trazado del plan, después de
la orden para su ejecución....

—¿Por qué atacamos todos esos objetivos en
China, general? —preguntó Kennedy....Para un
presidente a quien le gustaba la flexibilidad y las
opciones, Lemnitzer dio la respuesta incorrecta.
—Es el plan, señor Presidente. Kennedy se
estremeció con lo que acababa de oír. Des-
pués de que los generales y los almirantes
se hubiesen ido, musitó: «Y nos llamamos
a nosotros mismos la raza humana»[38].

Esta extensa cita pone de manifiesto que la irracionalidad de las «órdenes dadas» es peligrosísima
desde cualquiera de las grandes potencias nucleares. La rutina militar podría imponerse por encima
del raciocinio, en un momento en que fuera necesario tomar en minutos decisiones altamente com-
plejas y delicadas.

Tras la muerte de Chernenko, en 1985, por fin ascendió a la jefatura soviética quien se esperaba desde
hacía años: Mijaíl Gorvachov. Su lenguaje franco,
realista, alejado de la ortodoxia marxista, llamó
la atención desde que cobró notoriedad pública y

---

38 John A. Barnes, KENNEDY..., p. 14 y 15.

empezó a verse como una esperanza de renovación en la Rusia soviética y más allá de sus fronteras.

Gorvachov daba la impresión de que entendía bien las causas principales del estancamiento de la economía soviética y la necesidad de la reforma política para discutir todos los problemas. Sus dos palabras preferidas: *perestroika* (reestructuración) y *glasnot* (transparencia) se hicieron populares en todo el mundo.

También se refirió con precisión a la terrible carrera armamentista que ahogaba los intentos de desarrollo de los pueblos, al grave problema de la existencia de las armas nucleares y el peligro de exterminio de la humanidad.

*Al entrar en la era nuclear, en la que la energía del átomo se usa con propósitos militares, la humanidad ha perdido su inmortalidad. En el pasado hubo guerras, aterradoras guerras que se llevaron millones y millones de vidas, convirtieron las ciudades y los pueblos en ruinas y cenizas y destruyeron culturas y naciones enteras. Pero la continuidad de la humanidad no se veía amenazada. **Ahora, por el contrario, si estalla una guerra nuclear toda cosa viviente será borrada de la faz de la Tierra.***

> ***Incluso lo que es lógicamente imposible, o sea, que la humanidad pueda ser aniquilada por completo, ahora se ha vuelto técnicamente posible.*** *Los arsenales nucleares existentes son tan grandes que para cada habitante de la Tierra hay una carga capaz de incinerar una zona amplia. Actualmente, tan solo un submarino estratégico lleva un potencial destructor comparable a varias contiendas como la Segunda Guerra Mundial. ¡Y hay decenas de esos submarinos![39].*

La política orientada a evitar un holocausto nuclear encontró un buen defensor en Gorvachov y sus planteamientos influyeron o coincidieron con los de otros jefes de Estado. Así se expresó esa común preocupación en una carta dirigida a él y al entonces presidente estadounidense Ronald Reagan en días previos a una reunión que tendrían en Ginebra, Suiza.

Los suscribientes de la misiva fueron los presidentes Raúl Alfonsín, Miguel de la Madrid y Julius Nyerere, de Argentina, México y Tanzania, respectivamente; y los primeros ministros Olof Palme, de Suecia; Rajiv Gandhi, de la India, y Andreas Papandreu, de Grecia. Los dos primeros párrafos de la carta dicen:

---

39 Mijaíl Gorvachov, *PERESTROIKA*, Santo Domingo, 1987, p. 134.

El mundo tiene depositadas las más grandes esperanzas en vuestra reunión de Ginebra el mes próximo. Todos los pueblos y gobiernos esperan que ustedes puedan detener el aumento de las tensiones de los últimos años.

Ustedes saben, al igual que nosotros, que los arsenales crecientes de armas nucleares, si fuesen utilizados, así sea por accidente o por error, nos sumirían a todos en una completa destrucción. *Ningún interés puede justificar esta amenaza a las generaciones presentes y futuras. Por lo tanto, la prevención de una guerra nuclear es un tema clave, no sólo para vuestros pueblos y sus destinos, sino también para todos los pueblos de todos los continentes. Dado que los ciudadanos de todas las naciones están amenazados por igual por las consecuencias de la guerra nuclear, es de la mayor importancia para todos nosotros que en vuestra reunión se creen las condiciones apropiadas para dar pasos concretos hacia el desarme y la paz»*[40].

Estos seis estadistas plantearon en aquel momento un cese total de los ensayos, producción y despliegue de armas nucleares y espaciales, así como reducciones sustanciales de las fuerzas

40 Agencia de Prensa Novosti, *Iniciativas del Grupo de los seis de Nueva Delhi*, Moscú, 1987, p. 9.

nucleares, como pasos concretos inmediatos para evitar un desastre mundial.

Entre fines de 1985 y principios del 1987 hubo un intercambio de varias cartas con Gorbachov y declaraciones de estos importantes líderes de cuatro continentes, insistiendo en la necesidad de librar a la humanidad de la pesadilla nuclear. Poco tiempo después de estos planteamientos, fueron asesinados los primeros ministros Olof Palme, de Suecia, y Rajiv Gandhi, de la India...

En un foro internacional titulado «Por un mundo desnuclearizado, por la supervivencia de la humanidad», realizado en Moscú en febrero de 1987, Gorbachov se refirió a la llamada doctrina de la disuasión nuclear, según la cual es necesaria la existencia de esas armas para evitar la guerra. Ha sido el argumento principal de Francia para desarrollar sus propias armas nucleares fuera del control de la OTAN, especialmente en época del presidente Charles De Gaulle.

En su discurso en el citado foro, Gorbachov hizo un amplio análisis de la tesis de la disuasión nuclear. He aquí solo dos párrafos de sus planteamientos:

*Incluso si tomamos por base esta doctrina, no podemos dejar de reconocer que **el 'salvoconducto nuclear' no es infalible ni eterno. En cualquier momento puede convertirse***

en sentencia de muerte para la humanidad. *Cuantas más armas nucleares haya, menos probabilidades habrá de que 'se porten dócilmente'. La proliferación de las armas nucleares, la creciente complejidad de los sistemas técnicos derivados de las mismas, el crecimiento de las escalas en las transportaciones, la constante posibilidad de fallas técnicas, la debilidad humana o la mala voluntad de cualquiera: todo ello comprende una enormidad de imprevistos, de los cuales depende el ser o no ser de la humanidad...*

El tema de la disuasión nuclear tiene otro aspecto más. En política es imposible olvidar el problema de lo racional y lo irracional. Sobre todo, en nuestro complejo mundo, donde **e l contenido de estos conceptos se ve fuertemente influido por las particularidades de la experiencia histórica de los pueblos**, *de culturas y tradiciones políticas muy distintas y por muchos otros factores. Es difícil reducir todos estos factores a un común denominador, racional para todos. Por tanto, sigue siendo un axioma que, a mayor cantidad de armas nucleares, mayores posibilidades de error fatal* [41].

---

41 Mijaíl Gorbachov, *En aras de la inmortalidad de la civilización*, Moscú, 1987, p. 13 y 14 (las primeras negritas son del original, las otras del autor).

Estos dos delicados temas de la disuasión nuclear y la irracionalidad de ciertas decisiones políticas fueron tratados antes y con más dramatismo que Gorbachov por el antiguo secretario de Defensa estadounidense en su ya citada obra:

> **Es importante comprender** –advirtió McNamara– que **la destrucción asegurada es la esencia misma del concepto de disuasión**. Tenemos que poseer una verdadera capacidad de destrucción asegurada y esa capacidad tiene que ser, además, creíble. Lo importante es que un agresor potencial tiene que creer que nuestra capacidad de destrucción asegurada es un hecho real y que nuestra voluntad de emplearla en respuesta a un ataque es verdaderamente resuelta...
>
> ...**La seguridad depende de que se suponga el peor de los casos posibles** y se posea la capacidad de enfrentarse con él. En esa eventualidad, hemos de ser capaces de absorber el peso total del ataque nuclear sobre nuestro país –sobre nuestras fuerzas de represallia, nuestro alto mando y sistema de control, nuestra potencia industrial, nuestras ciudades y nuestra población– **y ser todavía capaces de dañar al agresor hasta el punto de que su sociedad dejara de ser viable en términos de siglo**

***XX. Eso es lo que significa la disuasión de la agresión nuclear. Significa la certeza del suicidio para el agresor**, no meramente para sus fuerzas militares, sino para su sociedad como un todo»*[42].

Estas palabras de McNamara, con más énfasis y autoridad específica que las de Gorbachov por haber sido el jefe directo de las Fuerzas Armadas de Estados Unidos por siete años, ponen de manifiesto una vez más el grave peligro de extinción de la humanidad por las armas nucleares y, al mismo tiempo, la irracionalidad de la carrera armamentista, la actitud casi demencial de quienes toman decisiones para mantenerla.

Gorbachov destaca el tema de lo que puede ser considerado racional, teniendo en cuenta las experiencias históricas de cada pueblo y las diferencias culturales. Con la muy trágica experiencia de veinte millones de muertos en la II Guerra Mundial, para los rusos de hoy, con Vladimir Putin a la cabeza, lo racional debe ser no arriesgarse en ningún momento a pasar por un desastre humanitario parecido a ese, aunque su posible respuesta a una amenaza o ataque pueda poner en peligro la existencia misma de toda la humanidad.

---

42 Robert S. McNamara, *La Esencia de la Seguridad*, p. 64 y 65.

Respecto a las diferencias culturales, es necesario recordar que el vasto territorio ruso es un mundo aparte, no es Oriente ni Occidente o es una mezcla de ambos. Sus élites han estado influidas en diversos períodos históricos por lo que se consideran valores occidentales, en cuyo caso se sentirían en una posición de inferioridad con respecto a Europa y Estados Unidos; mientras que, especialmente en momentos de confrontación con Occidente, se inclinan más al entendimiento con Oriente, en circunstancias que les resultan más cómodas, por encontrarse en condiciones de igualdad o superioridad ante los orientales.

La definición de lo racional y las diferencias culturales, matices aparentemente de segundo orden, adquieren más importancia en esta época de ascenso de Oriente, con la República Popular China, Japón, la India, Corea del Sur, Vietnam, Taiwán, Indonesia entre las potencias económicas, políticas y militares, grandes y de mediana escala; más las armas nucleares en posesión de Pakistán, Israel y Corea del Norte.

Los complejos conflictos fronterizos en Asia, con raíces de siglos e incluso milenios, mezclados con tradiciones y creencias religiosas diversas, son caldos de cultivo para nuevos enfrentamientos en esta época de excesiva competencia económica y forcejeos por controlar territorios y espacios acuáticos de numerosos países que ahora adquieren más valor, sea económico, político o militar, teniendo en cuenta el aumento de la población mundial y la simultánea escasez de recursos vitales. Cachemira, entre la India y Pakistán, dos potencias nucleares, es uno de esos casos. Y tocó al presidente estadounidense Bill Clinton (1993-2001) mediar en uno de esos momentos peligrosísimos...

***Cachemira seguía siendo la zona del planeta con más posibilidades de dar pie a una guerra* nuclear**, *más que la crisis de los misiles de Cuba de 1962.* **Cuando Estados Unidos y la Unión Soviética habían estado al borde de destrozar el planeta**, *sus líderes sabían mucho más sobre la capacidad nuclear de uno y otro que lo que sabía India de Pakistán hoy en día o Pakistán de India.* **No disponían de la información y el control necesarios para minimizar el riesgo de conflicto nuclear y su política de alto riesgo podría dar pie a intercambios nucleares**. *Clinton dio un puñetazo en la mesa para que se retirasen (los pakistaníes del territorio ocupado en Cachemira) y (Nawaz) Sharif (primer ministro pakistaní) le replicó del mismo modo. Para él, como defensor elegido de la frágil democracia pakistaní, la rendición era peor que la guerra. Llevado al extremo,* **estaba obligado a elegir entre lanzar un ataque nuclear como**

patriota o ser depuesto por traidor *por el nuevo comandante en jefe del ejército, el general Pervez Musharraf.* ***Sharif le echaba la culpa a Musharraf de toda la jugada en Cachemira. Había sido un error, pero ahora el pueblo pakistaní estaba demasiado excitado como para tolerar una retirada****. Si Sharif cedía ante Clinton, dejaba expuesta su yugular ante Musharraf. El presidente contestó que así sería...* [43].

En esta narración, del «enfrentamiento más duro»en la carrera de Clinton, se deben enfatizar diversos elementos, todos peligrosos: 1) Un viejo conflicto fronterizo puede causar un choque nuclear; 2) la falta de información recíproca sobre la capacidad nuclear de países que pueden enfrentarse entre sí; 3) el deseo de conservar un cargo puede llevar a un dirigente político al absurdo de querer provocar una guerra nuclear; 4) la ambición de un jefe militar puede atizar un conflicto fronterizo que a la vez podría generar un choque nuclear; 5) el chovinismo, la ignorancia, las precariedades materiales, el descontento social, el fanatismo, la demagogia de algún dirigente político o militar pueden inclinar a un pueblo apoyar una acción bélica incluso con riesgo de enfrentamiento nuclear.

---

43 Taylor Branch, *Las grabaciones de Bill Clinton*, Barcelona, 2010, p. 625.

El jefe militar Musharraf logró su objetivo: derrocó a su jefe político, manipulando el sentir popular sobre el tema de Cachemira, aunque colocara a su país al borde de una guerra con la gigantesca India, la que pudo concluir con la muerte de cientos de millones de seres humanos, en caso de haber llegado al uso de las armas nucleares.

Del otro lado, en la India, la situación era igualmente peligrosa, según el relato de Branch sobre las conversaciones con Clinton para ser grabadas y archivadas por el estadista estadounidense.

> ***Los fanáticos indios habían preparado un ataque nuclear para evitar que Pakistán diera más pasos***, *o como respuesta o para desafiar cualquier mandato que llevase a India a debilitar su gobierno legal en Cachemira.* **Clinton destacó que los informes de inteligencia de esos momentos eran, con mucho, los más alarmantes de toda su presidencia. No podía decir más** (*ob. cit. p. 620*).

La ligereza con que el líder pakistaní planteaba la posibilidad de lanzar un ataque nuclear para evitar ser derrocado y la osadía del jefe militar para destituirlo y convertirse en cabeza política de Pakistán, incluso a riesgo de provocar otra guerra con la India, demuestran la fragilidad del liderazgo político que tiene en sus manos esos códigos nucleares que pueden provocar el holocausto nuclear.

Y esa fragilidad no se queda en países subdesarrollados. Incluso en un presidente como Clinton, consciente de que evitar la guerra nuclear era su principal responsabilidad, Taylor Branch lo describe por momentos agotado, exhausto. ¿Qué habría ocurrido si hubiera tenido, en un momento así, que tomar una decisión sobre un ataque nuclear real o supuesto? ¿Y qué habría pasado a la humanidad si a un Boris Yeltsin, cuando fue presidente de Rusia, le hubiera tocado enfrentar una crisis nuclear, mientras se encontraba contaminado de alcohol? ¿Habría sido suficiente un movimiento de cabeza de George W. Bush para enfrentar un momento de tensión con armas nucleares de por medio?

Este último es descrito de mala manera por su antiguo secretario del Tesoro, el ejecutivo empresarial Paul O' Neill:

O'Neill observaba atentamente a Bush, que soltó unas pocas frases genéricas e hizo algunos gestos de asentimiento, pero casi sin participar. *Los miembros del gabinete habían trabajado durante más de un mes sobre informes detallados. Varios colegas de la Casa Blanca habían dado a entender a O'Neill que no esperase del presidente que* *fuera a leerlos. Según su experiencia personal,* **el presidente no dio siquiera la sensación de haber leído las notas resumidas enviadas por él....**

Aquella reunión fue como muchas otras a las que asistiría a lo largo de dos años – recordó O'Neil– . La única manera de describir la situación consiste, no sé, en **imaginar al presidente como un ciego en una habitación llena de sordos.** *No se percibe ningún contacto»*[44] .

¡En manos de ese «ciego»con su equipo de «sordos»estuvo el destino de la humanidad durante ocho años!

Y el Bush que describe y cuyas acciones analiza el exvicepresidente Al Gore, en *EL ATAQUE CONTRA LA RAZÓN – Como la política del miedo, el secretismo y la fe ciega erosionan la democracia y ponen en peligro a Estados Unidos y al mundo,* es un individuo autocrático, atropellante, un vaquero intrépido que impuso su voluntad particular y sectaria en Estados Unidos y fuera de él, por encima de la Constitución y las leyes de su país; del derecho internacional y los usos diplomáticos en boga, a la manera de un déspota oriental, pero sin las dotes intelectuales de Solimán *El Magnífico.*

---

44 Ron Suskind, *EL PRECIO DE LA LEALTAD,* México, 2004, p. 175 y 176.

La situación internacional actual es de diversos conflictos sin soluciones aparentes a corto plazo. Con la configuración del momento, herencia de siglos e incluso milenios, **es casi seguro que habrá guerras en este mundo por los próximos dos o tres siglos, lo inseguro es si quedará mundo si en una de esas guerras se utilizan armas nucleares estratégicas...**

La imposición de sanciones económicas a Rusia, que equivale a un enfrentamiento con la Organización del Tratado del Atlántico Norte (OTAN), vale decir, Estados Unidos y Alemania, retrotrae al ambiente de la *guerra fría*, con su conocido peligro de enfrentamiento nuclear. Esta decisión de la élite noratlántica desafía el sentido común y las duras lecciones históricas.

Si se intenta acorralar a Rusia, es claro que apelará a su arsenal nuclear para defenderse, así ha sido advertido; no se arriesgará a que le maten otros 20 millones de seres humanos, aunque para evitarlo ponga en peligro la existencia misma de toda la humanidad. Además, como lo advirtió el teórico prusiano Carl von Clausewitz, en su clásica obra *DE LA GUERRA*, Rusia es demasiado grande para ser ocupada o cercada. Lo comprobó Napoleón y también Hitler, con siglo y medio de diferencia. Como también son demasiado grandes, para aventuras intervencionistas o de cerco, Estados Unidos, China, la India, Brasil...

Además, resulta extremadamente peligroso estimular la inestabilidad económica, que se trasvasaría a la política, en una potencia nuclear. Ya en ese vasto territorio euroasiático ocurrió el accidente de Chernobil, hubo un intento de golpe de Estado contra Mijaíl Gorbachov que creó una inestabilidad de varios días y con la elección de Boris Yeltsin, como presidente de la Federación Rusa, se originó el desmantelamiento de la Unión Soviética con otro período de incertidumbre sobre el control del poder nuclear, aunque solo fuese por breve tiempo. Se cumple una vez más la afirmación del filosófo alemán Jorge Guillermo Federico Hegel sobre la aparente incapacidad de los seres humanos para asimilar las duras experiencias históricas.

Se suele sermonear a las figuras reinantes, a los hombres de estado y a los pueblos con la enseñanza derivada de la experiencia de la historia. No obstante, algo que enseña esa misma historia es que pueblos y gobernantes nunca aprendieron nada del acontecer histórico ni han seguido las lecciones que hubiesen podido extraerse del pasado. Todo tiempo contiene circunstancias especiales que implican situaciones altamente individuales, al punto que solo puede y debe decidirse a partir de ellas mismas. En la vorágine de los hechos mundiales no basta un principio básico aislado y no sirve el recuerdo de situaciones parecidas, puesto que recordaciones imprecisas tienen escaso poder frente a la vitalidad y libertad del presente [45].

Pero el gran problema es que esta vez un enfrentamiento, incluso por error o accidente, puede ser el último, irreversible, para toda la humanidad. Y si es complicada hoy la relación entre Estados Unidos y Rusia, más compleja y peligrosa será la coexistencia pacífica con el coloso oriental emergente; a pesar de que ahora, al no existir una paridad militar estratégica que genere más confrontación y por los estrechos vínculos comerciales existentes, aparentemente no ocurrirían choques de importancia entre Estados Unidos y China.

La realidad es que a los chinos no conviene en este momento histórico atizar las tensiones internacionales, por el doble efecto de que disminuiría su ventajoso intercambio comercial con Occidente, en particular con Estados Unidos, y les obligaría a invertir más de lo que podrían soportar en armamentos costosísimos. En este caso, podrían tener en cuenta, a pesar de la advertencia de Hegel, la muy reciente y catastrófica experiencia

---

45 Jorge Guillermo Federico Hegel, *FILOSOFÍA DE LA HISTO-RIA*, Buenos Aires, 2005, p. 13.

de la Rusia soviética con la pesada carga que tuvo que soportar para lograr y mantener la paridad estratégica con Estados Unidos.

A pesar de eso, la República Popular China va dando señales de un posicionamiento militar sin prisa, pero sin pausa para defender su territorio, tierras en disputa, rutas marítimas, sus cuantiosas inversiones y ciudadanos en diferentes partes del mundo. En los últimos meses se han publicado informaciones sobre unos arrecifes, cayos de arena e islas que gradualmente se ha estado ampliando la superficie. Más recientemente se informa sobre posibles instalaciones militares en esos territorios y comienzan las quejas de Estados Unidos, asociadas a las de Vietnam, Malasia, Filipinas y Taiwán, naciones que reclaman sus partes en esos lugares. Según la BBC de Londres:

> *En el transcurso de unos meses, China ha creado un gran muro de arena con dragas y buldóceres. Hasta ahora, China ha creado más de cuatro kilómetros cuadrados de terreno artificial...Así lo advirtió..., en un discurso en Australia, el almirante Harry Harrys, comandante de la Flota del Pacífico de Estados Unidos. Dijo que estos hechos llevan 'a preguntarse seriamente' sobre las intenciones de Pekín[46].*

46 http://www.bbc.com/mundo/ultimas_noticias/2015/04/150331_islas_china_muro_arena_ep.

Más recientemente, el presidente Xi Jinping estuvo en Africa y prometió inversiones por más de 55 mil millones de euros, incluyendo préstamos sin intereses por 4,600 millones. Y 32,100 millones de euros en préstamos preferenciales y para la exportación. Sin embargo, el interés de la gran China por Africa va mucho más lejos.

*China ha confirmado ya que se encuentra en negociaciones para la creación de lo que sería **su primera base militar en Africa – y en el exterior-**, un centro logístico naval en el pequeño pero estratégico Yibuti. Es un paso más en su estrategia de modernización, expuesta este año en el libro blanco de su Ministerio de Defensa, para 'adaptarse' a misiones en diferentes regiones y **desarrollar la capacidad de sus fuerzas de combate para diferentes propósitos**[47].*

Desde el mar de la China meridional, pasando por las islas Spratly en disputa con varios países, siguiendo por el estrecho de Málaca y luego el golfo de Adén, en Africa, en ruta hacia el mar Rojo, el canal de Suez y el mar Mediterráneo, la República Popular China está defendiendo una ruta marítima que la conecta, de manera directa, con países de cuatro continentes (Asia, Oceanía, Africa y Europa); es decir, casi todo el mundo.

---

47 *El País*, Madrid, 5/12/2015, p. 13.

En la *Estrategia Militar de China 2015* se expone su política nuclear y sus relaciones especiales con Rusia, por coincidencia en este momento en que ese vasto mundo intermedio tiene dificultades en sus relaciones con Occidente; lo que empuja a los rusos, precisamente, a entenderse mejor con Oriente como en otros momentos (China, en este caso, antiguo adversario ideológico, con quien llegó al enfrentamiento militar en 1969 y con viejos problemas fronterizos pendientes). Y a los chinos conviene el acercamiento por la sombrilla nuclear rusa, mientras ellos desarrollan sus propias armas estratégicas sin excesiva prisa ni costos por encima de sus posibilidades inmediatas.

La fuerza nuclear es una piedra angular para salvaguardar la soberanía nacional y seguridad. China siempre ha seguido la política de no usar primero las armas nucleares y se adhiere a una estrategia nuclear autodefensiva, que es defensiva por naturaleza. China, incondicionalmente, no usará ni amenazará con usar armas nucleares contra Estados sin armas nucleares o de zonas libres de armas nucleares y nunca competirá en una carrera armamentista con ningún otro país. China siempre ha conservado sus capacidades nucleares al nivel mínimo requerido para preservar su seguridad nacional. **China optimizará la estructura de su fuerza**

nuclear, mejorará las alarmas tempranas estratégicas, comando y control, penetración de los misiles, reacción rápida y supervivencia y protección para disuadir a otros países de usar o amenazar a China con el uso de armas nucleares.......

Las Fuerzas Armadas de China extenderán sus intercambios y cooperación con los militares rusos en el marco de una asociación estratégica amplia de coordinación entre China y Rusia. Y fomentarán un amplio, diverso y sostenible marco para promocionar relaciones militares en más campos y en otros niveles...[48].

---

48 The nuclear force is a strategic cornerstone for safeguarding national sovereignty and security. China has always pursued the policy of no first use of nuclear weapons and adhered to a selfdefensive nuclear strategy that is defensive in nature. China will unconditionally not use or threaten to use nuclear weapons against non nuclear weapon states or in nuclear weapon free zones, and will never enter into a nuclear arms race with any other country. China has always kept its nuclear capabilities at the minimum level required for maintaining its national security. China will optimize its nuclear force structure, improve strategic early warning, command and control, missile penetration, rapid reaction and survivability and protection and deter other countries from using or threatening to use nuclear weapons against China...... China's armed forces will further their exchanges and cooperation with the Russian military within the framework of the comprehensive strategic partnership of coordination between China and Russia, and foster a comprehensive, diverse and sustainable framework to promote military relations in more fields and at more levels (Ministerio de Defensa de China, *Estrategia Militar de China 2015*, Beiging. – La traducción es del autor). *http://www.ieee. es/Galerias/fichero/OtrasPublicaciones/Internacional/2015/150526_ Chinaxs_Military_Strategy.pdf*

Esto significa que la OTAN (Estados Unidos y Alemania) por su presión contra Rusia, tras la acción en Crimea, estaría estimulando una asociación estratégica de dos países con significativas ventajas relativas: un enorme territorio (Rusia, con más del doble del de Estados Unidos) y una extraordinaria población (China, con más de cuatro veces la de Estados Unidos). Estas ventajas, en un momento de crisis, **en uno de esos momentos trágicos en que se obnubila el pensamiento**, podrían hacer pensar a dirigentes rusos y chinos que sus países estarían en condiciones de sobrevivir a un choque nuclear, aunque sea pagando un costo altísimo; pero con algunas posibilidades de eliminar al adversario que no dispone de esos elementos favorables. Por supuesto, el riesgo de extinción de la humanidad sería el mismo...

Independientemente de la legitimidad o no del control de Crimea por los rusos, es claro que acontecimientos como éste no deberían poner en peligro la paz mundial. Como no la hace peligrar el control militar de Estados Unidos en Guantánamo (Cuba) y en Puerto Rico. Las soluciones a estos problemas deberían partir, ante todo, del legítimo derecho de los pueblos dueños de esos territorios, sin interferencia de las grandes potencias, de un bando u otro.

Estos son momentos en que cada potencia debería estar tratando de crear un entorno favorable con una política de amistad y cooperación, NO DE FUERZA, respecto a los países medianos y pequeños que tienen de vecinos. Se debería estar creando desde ahora una **cultura de paz** que obligaría a los más fuertes en un futuro cercano ajustarse a esas reglas. A quien más convendría crear esa cultura de paz sería a Occidente, teniendo en cuenta que China podría alcanzar la hegemonía mundial en poco tiempo y mantenerla por dos o tres siglos, por su base demográfica y porque su pueblo ha demostrado una extraordinaria capacidad para asimilar rápidamente la tecnología más avanzada. En perspectiva, partiendo especialmente de la demografía, solo podría sustituirla otro país de Oriente: India, cuya población se calcula que sobrepasaría a la china en menos de medio siglo y ya «Gigantes tecnológicos de EEUU miran a India»(*The New York Times*, en español, 11/10/2015).

Y se debería respetar, en esa cultura de paz, que cada potencia ocupe su espacio vital, como lo explica el exministro israelí de relaciones exteriores Shlomo Ben Ami en su interesante ensayo «Que Rusia encuentre su lugar»(*El País*, 27/12/14):

La desafiante política exterior de (Vladimir) Putin es una respuesta (en la que participan una tradición política autoritaria, los dogmas reaccionarios del cristianismo ortodoxo y el orgullo por la vasta geografía y las riquezas materiales de Rusia) a la humillante pérdida de un imperio. En la derrota de Rusia en la guerra fría, Putin ve la necesidad de **exaltar las raíces no occidentales de la historia y la tradición rusas**; *y para hacerlo vuelve a los mismos valores conservadores surgidos en respuesta a la invasión napoleónica de 1812, que frustraron los intentos modernizadores de Pedro el Grande.*

Las diferencias entre Oriente y Occidente se manifiestan cada vez más frecuentemente en nuevos conflictos que surgen de improviso en el escenario internacional. Uno de ellos es el reciente derribo de un avión ruso por las defensas antiaéreas de Turquía. La aeronave atacaba posiciones del Ejército Islámico en territorio sirio, según las autoridades rusas, pero habría violado el espacio aéreo turco, conforme a lo dicho por el Gobierno de ese país. El incidente agria las relaciones entre los presidentes Putin y Recep Tayyip Erdogan, de Turquía, herederos de los imperios ruso y bizantino, luego otomano, dos culturas entre Oriente y Occidente o bien distintas a las de Oriente y Occidente.

Ambos abrigan un **sentimiento de agravio histórico, de que Occidente no los acepta**

por completo....Ambos llaman a Occidente su enemigo *y apelan a valores tradicionales...* [49].

Es necesario que los líderes políticos que toman decisiones, en especial en las grandes potencias, estén conscientes de los cambios en la correlación internacional de fuerzas y que actúen teniendo en cuenta la nueva realidad geopolítica. Así lo advierte el profesor Huntington:

> *...El equilibrio de poder entre civilizaciones está cambiando: Occidente va perdiendo influencia relativa, las civilizaciones asiáticas están aumentando su fuerza económica, militar y política...*
>
> **Evitar una guerra mundial entre civilizaciones depende de que los líderes mundiales acepten la naturaleza de la política global,** *con raíces en múltiples civilizaciones, y cooperen para su mantenimiento* [50].

Toda la bibliografía estudiada apunta a que el problema nuclear debe ser tratado como el **A1** de la humanidad hasta que sea resuelto definitivamente con la destrucción total de esas armas. **No es uno**

---

49 «Los presidentes avivan el choque ruso-turco», *The New York Times,* 6/12/2015.
50 Samuel P. Huntington, *El choque de civilizaciones*, Barcelona, 2005, p. 21.

más entre varios, sino el principal, el más peligroso, el tema clave, el que necesita una solución urgente, en términos históricos, antes de que sea demasiado tarde.

Incluso para un presidente estadounidense de lenguaje belicoso y escasas luces intelectuales, como lo fue Ronald Reagan, era clara la preeminencia y urgencia para resolver el problema nuclear, según lo cita Kissinger:

> *Nadie podría «ganar»una guerra nuclear. Y sin embargo, **mientras haya en existencia armas nucleares, siempre habrá el riesgo de que se utilicen** y una vez disparada la primera arma nuclear, ¿quién sabe dónde terminaría todo?*
>
> *No puedo creer que este mundo pueda ir más allá de nuestra generación y a lo largo de siguientes generaciones con este tipo de armas en ambos lados, apuntando unas contra otras **sin que, algún día, un loco o un maniático o un accidente desencadene el tipo de guerra que será el fin de todos nosotros** [51].*

En este contexto de alta peligrosidad por el cada vez más agudo forcejeo por la hegemonía mundial, avivado por conflictos regionales que pueden

---

51 Henry Kissinger, *LA DIPLOMACIA*, México, 2004, p. 777.

involucrar rápidamente a las grandes potencias y causar un choque nuclear, aunque sea por error o accidente, es evidente que la humanidad necesita una política precisa, contundente y sistemática a favor de la eliminación de las armas nucleares y la prohibición de fabricar nuevas, sostenida por diversos actores internacionales.

El planteamiento sobre el desarme general y completo, que ha sido ratificado en tantos documentos durante años, ha resultado inviable en la práctica. Además de que países pequeños necesitan sus armas para defenderse de potencias medianas y grandes; las medianas para disuadir a las grandes de posibles ataques y difícilmente éstas renuncien a todas las armas, por la competencia entre sí.

También, el *Tratado de No Proliferación de Armas Nucleares*, por su mismo nombre y contenido, está orientado a evitar la fabricación de más armas de destrucción masiva por aspirantes a miembros del club de poseedores, pero son las ya existentes las que amenazan la existencia de la humanidad, no las que se planifica fabricar. Las más peligrosas no son las bombas atómicas que podrían construir Irán, Corea del Norte y otros, sino las que ya tienen las grandes potencias. Por supuesto, mientras menos haya, mejor; por simple sentido común, es claro que se reduce el riesgo.

Otra amenaza

La existencia de la humanidad está amenazada también por el cambio climático, riesgo que en estos momentos llama más la atención que el de las armas nucleares, antes, durante y después de la Cumbre de París, 21 Conferencia de las Partes (COP21) de la Convención Marco de las Naciones Unidas de Cambio Climático, concluida exitosamente con un acuerdo que limita elevar la temperatura como máximo a dos grados centígrados al final de siglo, por encima del nivel alcanzado antes de la revolución industrial. Este documento fue aprobado por consenso por los altos representantes de casi doscientos países para sustituir el Protocolo de Kioto, cuestionado y poco aplicado por su énfasis en las responsabilidades diferenciadas, que apuntaban más hacia las naciones desarrolladas.

Los dos grandes peligros, que amenazan con una catástrofe universal irreversible, han sido tratados, simultáneamente, por dos personalidades estadounidenses: Noam Chomsky y Laray Polk en una extensa conversación, contenida en la obra *La guerra nuclear y la catástrofe ambiental*. También se han referido repetidas veces a este delicado tema Fidel Castro Ruz, en numerosos discursos y artículos, y el papa Francisco, en su encíclica *Laudato si (Alabado seas)*, entre otras personalidades con suficientes datos y autoridad para tratar éste y otros temas.

Además, el español Javier Solana, con una singular experiencia de exministro socialista y exsecretario general de la OTAN, trata estos dos temas como los más importantes en los que se ha logrado algún progreso, en el cambiante mundo de los últimos quince años. Sin embargo, destaca los enfrenamientos entre las superpotencias nucleares y económicas.

A finales de 2013, las tensiones se intensificaron cuando China amplió su zona de defensa aérea a un área disputada con Japón; y Estados Unidos, *que había sido desde la II Guerra Mundial la potencia marítima del Pacífico,* **lo consideró un acto provocador**. *Las reclamaciones de soberanía por parte de China son una reivindicación de poder en una zona que considera de su influencia...*

En febrero de 2014, el conflicto de Ucrania dio una mayor visibilidad a la activa posición de Moscú, enfrentándose con las posiciones de Estados Unidos y Europa, transgrediendo los compromisos adquiridos en Helsiniki. Sin lugar a dudas, desde que el pasado mes de septiembre Putin decidiera implicarse en el conflicto sirio esta determinación se ha hecho más palpable.

Ahora, su papel es decisivo para llegar a la paz y los demás actores necesitarán a Moscú para lograr un acuerdo»[52].

Sin subestimar la importancia del cambio climático, es claro que se trata de un problema a largo plazo, sobre el cual se debe actuar cada día, por supuesto; en tanto que el peligro nuclear amenaza la existencia de la humanidad como un *big bang,* un estallido, que puede ocurrir en cualquier momento.

Por suerte, estadistas de las grandes potencias, personalidades internacionales e instituciones multilaterales se pronuncian constantemente a favor de un mundo sin armas nucleares, antes de que sea demasiado tarde para toda la humanidad. Después de los precisos y frecuentes pronunciamientos del exlíder soviético Mijaíl Gorbachov, a fines de los años 80, y los esfuerzos del estadounidense Bill Clinton por evitar una guerra nuclear entre India y Pakistán, en la década de los noventa; tocó al presidente Barack Obama pronunciar uno de sus discursos más trascendentes en Praga, capital de la República Checa.

La existencia de miles de armas nucleares es el legado más peligroso de la guerra fría. No se libró ninguna guerra

---

52 Javier Solana, «Nuevo juego, viejas reglas», *El País*, 16/12/2015, p. 13.

nuclear entre los Estados Unidos y la Unión Soviética, pero las generaciones vivían sabiendo que su mundo podría ser borrado con un solo destello de luz...
Hoy, la guerra fría ha desaparecido, pero miles de esas armas todavía existen. En un raro giro de la historia, la amenaza de una guerra nuclear ha disminuido, pero el riesgo de un ataque nuclear se ha incrementado. Más naciones han adquirido estas armas. Los ensayos han continuado.
 Algunos argumentan que la proliferación de armas nucleares no puede ser detenida, no puede ser controlada – que estamos destinados a vivir en un mundo donde más naciones y más personas tendrán las herramientas de destrucción final. **Ese fatalismo es un adversario mortal, porque si creemos que la propagación de las armas nucleares es inevitable, entonces de alguna manera admitimos que el uso de las armas nucleares es inevitable**»[53].

En el mismo discurso, Obama informó a una multitud en la bella capital checa de sus negociaciones con el entonces presidente ruso Dimitri Medvédev para reducir los arsenales nucleares y prohibir los ensayos, involucrando en el proceso a otros

---

53 *http://npsglobal.org/esp/discursos/149-discursos/574-discurso-de-barack-obama-en-praga-5-abril-de-2009.*

países poseedores de esas armas, mitigando así el riesgo de un choque, error o accidente catastrófico.

Al año siguiente, el diario español *El País* resumía el histórico convenio en estos párrafos:

> *Con la firma en Praga del mayor acuerdo de desarme nuclear en 20 años, Estados Unidos y Rusia ponen fin al rencor heredado de la guerra fría y abren un nuevo horizonte de cooperación entre dos naciones cuyo enfrentamiento representa aún el mayor riesgo para la seguridad mundial. El primer ámbito en el que exhibir esa colaboración es ahora mismo Irán. Tanto el presidente norteamericano, Barack Obama, como el ruso, Dimitri Medvédev, coincidieron en la necesidad de sanciones internacionales para disuadir al régimen islámico de construir armas atómicas.*
>
> *Al poner su firma en lo que oficialmente se denomina el Nuevo START,* **un tratado que permitirá la eliminación en siete años de un 30% de sus respectivos arsenales nucleares**, *Obama y Medvédev estaban enviando al mundo la señal más clara posible de que su rivalidad, nacida de la división de Europa tras la Segunda Guerra Mundial y reproducida en los últimos años por diversos episodios de tensión, está en camino de ser superada.*

*Estados Unidos y Rusia mantienen algunos intereses contrapuestos y áreas de influencia internacional de las que no quieren ser relegados. Poseen el 90% de las armas nucleares y, aún después de este tratado, **conservan suficiente poder destructivo como para acabar con la vida sobre la Tierra.** Los conflictos entre ambos siguen siendo, por tanto, motivo de la máxima alarma mundial»*[54].

También el papa Francisco se pronunció claramente a favor del desarme nuclear en la sede de la Organización de las Naciones Unidas (ONU), en Nueva York, en su discurso más importante de una exitosa gira por Estados Unidos, al final del 2015.

El preámbulo y el primer artículo de la Carta de las Naciones Unidas indican los cimientos de la construcción jurídica internacional: la paz, la solución pacífica de las controversias y el desarrollo de relaciones de amistad entre las naciones. Contrasta fuertemente con estas afirmaciones, y las niega en la práctica, la tendencia siempre presente a la proliferación de las armas, especialmente las de destrucción masiva como pueden ser las nucleares. Una ética y un derecho basados en la amenaza de destrucción mutua

---

54 http://internacional.elpais.com/internacional/2010/04/08/actualidad/1270677605_850215.html

–y posiblemente de toda la humanidad– son contradictorios y constituyen un fraude a toda la construcción de las Naciones Unidas, que pasarían a ser «Naciones unidas por el miedo y la desconfianza». **Hay que empeñarse por un mundo sin armas nucleares, aplicando plenamente el Tratado de no proliferación, en la letra y en el espíritu, hacia una total prohibición de estos instrumentos** [55].

El 26 de septiembre del 2015, el secretario general de la ONU dirigió un mensaje especial al mundo con motivo del Día Internacional para la Eliminación Total de las Armas Nucleares. Este es el texto completo, breve pero significativo y preciso:

En 2015 se cumplen 70 años de la utilización por primera y última vez de un arma nuclear en una guerra. **La norma contra el uso de las armas nucleares (las armas más destructivas jamás creadas y que pueden tener costos humanos sin precedentes) se ha mantenido firme durante siete decenios.**

Pero la única garantía absoluta de que esas armas no se vuelvan a utilizar nunca es su eliminación total. *La comunidad*

---

55 *http://www.vidanueva.es/2015/09/25/discurso-de-francisco-ante-las-naciones-unidas-y-saludo-a-los-trabajadores-y-personal-de-la-onu-25-09-2015/#sthash.IQzlvhRW.dpuf*

internacional ha proclamado el objetivo de lograr un mundo libre de armas nucleares. Lamentablemente, hay cada vez más divisiones entre los Estados Miembros sobre el modo y el momento de alcanzar ese objetivo. Esta división quedó patente durante la Conferencia de Examen del Tratado sobre la No Proliferación de las Armas Nucleares, en mayo de este año.

Exhorto a todos los Estados a que colaboren de manera constructiva para encontrar la forma de avanzar. La eliminación de las armas nucleares también liberaría enormes cantidades de recursos que podrían utilizarse para aplicar la Agenda 2030 para el Desarrollo Sostenible.

Las consecuencias de que se volvieran a utilizar armas nucleares, ya sea de manera intencionada o por error, serían terribles. **En lo que atañe a nuestro objetivo común de lograr el desarme nuclear, no debemos demorarnos: debemos actuar ahora**[56].

Sin lugar a dudas, Japón es el pueblo con más autoridad política y moral para exigir la destrucción total de las armas nucleares, por haber sido el único que las ha sufrido en carne propia. Y porque de seguro su herida no cerrará, el trauma psicológico no será superado mientras existan esos

---

56 *http://www.un.org/es/events/nuclearweaponelimination/2015/sgmessage.shtml*

instrumentos de destrucción masiva. Así queda de manifiesto cada año, al recordar la trágica fecha de los bombardeos sobre Hiroshima y Nagasaki:

> *HIROSHIMA, Japón (Reuters). – Las campanas repicaron y miles de personas rezaron con la cabeza baja en Hiroshima el jueves en las ceremonias que recordaron el 70 aniversario del lanzamiento de la primera bomba atómica y que subrayaron las crecientes tensiones por los intentos de Japón de dejar atrás su Constitución pacifista.*
>
> ***El alcalde de Hiroshima, Kazumi Matsui, pidió la abolición de las armas nucleares*** *y exigió la creación de sistemas de seguridad que no dependan del poder militar.*
>
> *«Trabajar con paciencia y perseverancia para lograr estos sistemas será vital y requerirá **que promovamos a través del mundo el camino a la paz verdadera** revelado por el pacifismo de la Constitución japonesa», dijo en un discurso[57].*

También el jefe de gobierno japonés, Shinzo Abe, ratificó la demanda de su país de abolir por completo las armas nucleares, en el 70 aniversario de los dos mortíferos ataques.

---

[57] *http://es.reuters.com/article/topNews/idESKCN0QB-0JO20150806.*

*«**Como único pueblo atacado por una bomba nuclear, tenemos la misión de conseguir un mundo sin armas nucleares**». El primer ministro japonés, Shinzo Abe, renovaba así el compromiso de su país contra ese armamento, en la ceremonia para conmemorar el 70 aniversario del lanzamiento contra Hiroshima de la primera bomba atómica. Alrededor de 55,000 personas, según las cifras oficiales, habían acudido a rendir homenaje a las cerca de 140,000 víctimas de aquel ataque y participar en un llamamiento para la paz mundial. Frágiles, algunos de ellos en silla de ruedas, decenas de hibakusha – supervivientes de la bomba – habían desafiado al fuerte calor para recordar el peor día de su historia y rendir homenaje a sus padres, hermanos, familiares o amigos que perdieron la vida aquel 6 de agosto de 1945 o en los días y meses que le siguieron*[58].

Por supuesto, también en Nagasaki se realizó una ceremonia de recordación de las víctimas, similar a la de Hiroshima. Décadas después del bombardeo nuclear contra Japón, aún conmueven las fotos de sombras de personas desintegradas por la explosión, los pantalones de un niño (exhibidos en la sede de la ONU en Nueva York) también

---

58 *http://internacional.elpais.com/internacional/2015/08/06/actualidad/1438828939_873924.html.*

pulverizado y los relatos de sobrevivientes que fueron muriendo lentamente por los efectos retardados de la radiación, entre otras secuelas de aquel crimen masivo.

Además de los estadistas y personalidades mencionados, la Comunidad de Estados Latinoamericanos y del Caribe (CELAC), el Movimiento de Países No Alineados (NOAL), la ONU y otros organismos internacionales se han pronunciado repetidas veces por el desarme nuclear. La no consecución aún del objetivo no es motivo para el desaliento, sino para enfatizar la demanda ante la agudización del peligro por el tránsito de la hegemonía mundial de una potencia occidental a una oriental, en que las acentuadas diferencias culturales y el extraordinario desbalance demográfico entre los dos colosos son elementos adicionales a la ya dramática situación.

La gravedad del problema nuclear y el que no se vislumbren soluciones a corto plazo causan cuestionamientos claros a la capacidad política de los estadistas de las grandes potencias e incluso a su sanidad mental.

Para un número muy considerable de comentaristas oficiales, y para una gran parte del público en general, el gran volumen y la capacidad destructora del armamento nuclear contenido en aquellos dos arsenales (de Estados Unidos y la Rusia soviética) es una indicación de incapacidad política o de enfermedad mental, que amenaza a toda la humanidad de este planeta y debería ser abolido o reducido en gran manera lo antes posible[59].

El profesor Paul Kennedy emite un juicio que parece exagerado, al plantear crudamente «incapacidad política o enfermedad mental» de los estadistas que mantienen esos mortíferos arsenales nucleares; en cualquiera de los dos casos quedaría la incertidumbre: ¿Si no tienen capacidad política, cómo llegaron a esos cargos o, peor, cómo los obtuvieron si sufren de alguna enfermedad mental? Hemos preferido, cautelosamente, calificar estas decisiones recientes de irracionalidad estratégica, refiriéndonos a que hacen lo contrario de lo que aconseja el sentido común, teniendo en cuenta datos recientes de la historia y la geografía de los países involucrados, directa o indirectamente, en el más reciente conflicto bélico en Ucrania.

---

59 Paul Kennedy, *Auge y Caída de las Grandes Potencias*, Barcelona, 1998, p. 784

CAPÍTULO II
La competencia económica

En su informe *Perspectivas de la economía mundial*, de octubre del 2015, el Fondo Monetario Internacional destaca la extraordinaria importancia de la economía de la gran China, independientemente de que ocupe el primer o segundo puesto, según se mida su producto interno bruto a precios corrientes o teniendo en cuenta la paridad por el poder adquisitivo.

Las menciones a China en el documento son ostensiblemente más numerosas y significativas (en sentido positivo o de preocupación por potenciales efectos negativos de su influencia), que las referidas a Estados Unidos, hasta ahora considerado la primera potencia económica; además de militar, política y con considerable influencia cultural, especialmente a través de los medios de comunicación que controla o influye. Una de las numerosas referencias al gigante asiático es ésta:

*Y aunque la desaceleración del crecimiento de China por el momento coincide más o menos con lo pronosticado, **sus repercusiones trans- fronterizas parecen ser más profundas de lo que se esperaba**. Ese hecho ha quedado reflejado en la caída de los precios de las materias primas (especialmente de los metales) y la debilidad de las exportaciones a China[60].*

Otras fuentes económicas, internacionalmente confiables, confirman la extraordinaria importancia mundial del mercado chino, incluso en medio de la desaceleración de su crecimiento poco común.

*El temor de que el apetito de China por materias primas, desde cobre hasta carbón, esté disminuyendo, luego de décadas de un crecimiento vertiginoso, ha hundido los precios. **No obstante, debido a su escala en estos mercados, el país asiático se mantendrá como un factor clave en el largo plazo, aunque sea a un ritmo más lento.***

***China compra hoy cerca de un octavo del petróleo del mundo, un cuarto del oro, casi un tercio del algodón y hasta la mitad de los principales metales básicos.** Su poder de compra ha convertido al país en*

60 *https://www.imf.org/external/spanish/pubs/ft/weo/2015/02/ pdf/texts.pdf.*

*parte integral del comercio global de commo-
dities, con influencia sobre los precios e incluso
las horas que trabajan los operadores (de las
bolsas de valores)*[61].

En otra parte de su documento, el FMI pone de manifiesto la tensión que pueden causar en el mundo medidas tomadas incluso dentro de las fronteras de China.

> *...Las autoridades chinas se enfrentan al reto de lograr tres objetivos simultáneamen-te:* **evitar una drástica desaceleración del crecimiento en medio de la transición hacia patrones de crecimiento más sos-tenibles,** *mitigar las vulnerabilidades gene-radas por el apalancamiento excesivo que dejó como secuela el boom de crédito e inversión y* **reforzar el papel que juegan las fuerzas del mercado en la economía**. *Probable-mente se necesite un* **refuerzo ligeramente mayor de las políticas** *para evitar que el cre-cimiento disminuya drásticamente, pero* **será crítico que las autoridades sigan avan-zando en la implementación de las re-formas estructurales** *para que el consumo*

---

61 Ese Eheriense y Biman Mukherji, «Pese a sus problemas, Chi-na mantiene su dominio en el sector de commodities», *The Wall Street Journal Americas – Listín Diario* (27/8/2015).

privado pueda compensar parte de la inactivi-dad atribuible al atenuado crecimiento de la in-versión. **El núcleo de las reformas consiste en lograr que los mecanismos de mercado desempeñen un papel más decisivo en la economía**, *eliminar las distorsiones y fortale-cer las instituciones (ob. cit. p. 34).*

Hay que analizar detenidamente estos plan-teamientos y entender lo que podrían significar en un país de más de mil trescientos millones de habitantes, más de nueve millones de kilómetros cuadrados, con armas nucleares y en forcejeo por el primer puesto de la economía mundial.

Los cambios que se necesitan en China, según el FMI, representan una verdadera revolución en un país oficialmente socialista, es decir, que la pro-piedad pública es la decisiva y que, además, quizás lo más importante, tiene una tradición milenaria respecto a la importancia del rol del Estado. Imple-mentar reformas estructurales que fortalezcan las fuerzas del mercado en ese contexto es una trans-formación que conmueve los cimientos de la socie-dad y que resulta, por consiguiente, potencialmen-te desestabilizadora.

Las autoridades chinas han actuado hasta ahora con mucha cautela, con sabiduría oriental, introduciendo cambios graduales y asimilando el desarrollo vertiginoso del sector privado, forjando en los hechos una economía mixta. Ahora bien, la complejidad de la economía internacional es tal que rompe esquemas en países capitalistas occidentales, sorprendiendo a calificados expertos, como se explica en un artículo referente a las devaluaciones y su escaso impacto en las exportaciones.

> *...Un cambio en la dinámica del comercio global amortigua el impacto de una moneda barata. La tendencia cobra mayor relevancia en momentos en que* **las políticas monetarias de los bancos centrales más poderosos del mundo –la Reserva Federal de Estados Unidos y el Banco Central Europeo – se encaminan en direcciones opuestas**, *lo que posiblemente afectará el valor del dólar y el euro[62].*

Ese panorama económico contradictorio a ambos lados del Atlántico se expresa también en el Pacífico, en el otro lado del mundo, en la tercera economía mundial, otro país asiático.

Japón ofrece la indicación más clara de que las grandes depreciaciones de divisas

---

62 Paul Hannon, «Una moneda débil ya no tiene el impacto de antes», *The Wall Street Journal Americas – Listín Diario* (28-12-15).

no impulsan las exportaciones como antes.
*A inicios de 2013, el Banco de Japón lanzó un gigantesco programa de estímulo que aumentó la oferta de yenes y depreció la moneda frente al dólar y el euro. La estrategia fue uno de los ejes de un paquete de medidas orientadas a sacar a la economía de un prolongado período de estancamiento. **El debilitamiento del yen, sin embargo, tuvo un impacto limitado sobre las exportaciones y no logró reactivar la economía***»(ob. cit.).

Los rusos aplicaron estrictamente las recetas del Fondo Monetario en la década de los noventa y tuvieron resultados desastrosos que causaron un descenso considerable en su PIB y el brote de un fenómeno prácticamente desconocido en la Rusia soviética: el hambre en un importante porcentaje de la población. Un académico libre de sospecha pro comunista, Joseph Stiglitz, analizó ese drama terrible y aportó datos valiosos.

También participé durante casi veinte años en discusiones sobre la transición desde las economías comunistas hacia el mercado. Mi experiencia sobre cómo manejar dichos procesos comenzó en 1980, cuando los analicé por primera vez con las autoridades de China, que daba sus primeros pasos en dirección a una economía de mercado. **He sido un ferviente partidario de las políticas graduales de los chinos, que han demostrado su acierto en las últimas dos décadas, y he criticado con energía algunas de las estrategias de reformas extremas como las 'terapias de choque' que han fracasado rotundamente en Rusia** *y algunos otros países de la antigua Unión Soviética* [63].

El economista estadounidense galardonado con el Premio Nóbel criticó agudamente al FMI, algo poco usual en académicos que han ocupado altos cargos públicos (jefe del equipo de asesores del entonces presidente Bill Clinton y luego economista jefe del Banco Mundial) en ese país y a su nombre, por lo que tiene más valor su testimonio sobre los procedimientos de ese organismo internacional.

Las decisiones eran adoptadas sobre la base de una curiosa mezcla de ideología y mala economía, un dogma que en ocasiones parecía apenas velar intereses creados. *Cuando la crisis golpeó, el FMI prescribió soluciones viejas, inadecuadas aunque*

---

63 Joseph E. Stiglitz, *El malestar en la globalización*, Madrid, 2007, p. 15.

'estándares', **sin considerar los efectos que ejercerían sobre los pueblos de los países a los que se aconsejaba aplicarlas.** *Rara vez vi predicciones sobre qué harían las políticas con la pobreza; rara vez vi discusiones y análisis cuidadosos sobre las consecuencias de políticas alternativas: solo había una receta y no se buscaban otras opiniones.* **La discusión abierta y franca era desanimada: no había lugar para ella.** *La ideología orientaba la prescripción política* **y se esperaba que los países siguieran los criterios del FMI sin rechistar»***(ob. cit. p. 20).*

En la década de los ochenta era tan extraordinario el empuje de Japón y tan sólida su posición como segunda potencia económica mundial que se discutía la posibilidad de que superara a Estados Unidos como primera potencia, a pesar del doble de población de EU y la enorme diferencia en territorio y recursos naturales frente al archipiélago asiático. Se confiaba en la avanzada tecnología japonesa aplicada a los productos de consumo masivo, en particular los bienes de consumo duraderos (autos, televisores, refrigeradores, etc.), en los cuales era evidente la superioridad nipona.

Sin embargo, ese sueño se vio frustrado en los noventa, la década de la recesión, que algunos atribuyeron, al menos en parte, a la cuantiosa inversión de reservas japonesas en bonos del Tesoro de Estados Unidos. Pero, a pesar del estancamiento, en esa misma década Japón hizo una propuesta extraordinaria que no fue bien recibida por las autoridades estadounidenses.

En 1997 Japón ofreció 100,000 millones de dólares para ayudar a crear un fondo monetario asiático que financiara las medidas de estímulo necesarias. Pero el (Departamento del) **Tesoro (de EU) se empeñó en aplastar la idea. El FMI lo secundó.** *La razón de la postura del Fondo era clara: el FMI era un fervoroso partidario de la competencia en los mercados, pero rechazaba la competencia en su propio terreno y eso era el Fondo Monetario Asiático. Las motivaciones del Tesoro de EEUU eran parecidas. En tanto que único accionista del FMI con poder de veto, EEUU goza de un peso considerable en la determinación de las políticas del Fondo.* **Era ampliamente sabido que Japón estaba muy en desacuerdo con las acciones de éste...** *(ob. cit. p. 208).*

La pregunta que brota necesariamente de este testimonio tan autorizado de Stiglitz es: si Estados Unidos trató así a un aliado fundamental como Japón, al que acudió James Baker III por órdenes de George Bush padre a buscar fondos para financiar la primera guerra del golfo Pérsico...¿Qué no haría EU contra un adversario como China o Rusia?

A pesar de esas ya viejas imposiciones de representantes estadounidenses en el FMI, algo ha ido cambiando en los últimos años. Ahora se anuncia que el Congreso de Estados Unidos ha aprobado una ley que autoriza un modesto cambio de cuotas en el Fondo Monetario, por el cual Estados Unidos y Japón reducen ligeramente su participación porcentual, mientras sube la de China, Brasil e India.

Como el proyecto tenía cinco años de retraso, ya China había promovido la formación de instituciones paralelas al FMI y el Banco Mundial, entre ellas el banco de los BRICS (Brasil, Rusia, India, China y Sudáfrica) y el Banco Asiático de Inversión en Infraestructuras, instituciones con suficiente dinero para financiar proyectos importantes, como lo había propuesto Japón en la década del 90, pero autoridades estadounidenses y el FMI lo bloquearon.

Según las reformas propuestas, la cuota de EEUU en el FMI seguiría siendo mayoritaria, mantendría su capacidad de veto y solo se vería reducida ligeramente, desde el 17.69%

actual hasta el 17.40 %. Japón, el segundo mayor accionista, sufriría una reducción similar; mientras que China, en la actualidad la segunda mayor economía del mundo después de EEUU, pasaría a convertirse en el tercer mayor accionista y sobrepasaría a diversas naciones europeas[64].

Esta última decisión del Congreso de Estados Unidos, dominado por la derecha republicana, es evidencia de que incluso en esos sectores extremistas se va abriendo paso la aceptación de la real reducción del poder hegemónico mundial de Estados Unidos y del ascenso imparable de la gran China, tan natural como un siglo atrás emergió Estados Unidos como primera potencia económica y desplazó a Gran Bretaña.

La competencia directa o indirecta de China frente a Estados Unidos se nota diariamente en diversas informaciones económicas servidas por muy diferentes fuentes noticiosas. Algunos titulares pueden resultar curiosos porque otorgan a China una influencia tan grande en los asuntos internos de EU como los más poderosos organismos estatales de ese país. Este es uno de ellos:

------

64 *http://www.elnuevodiario.com.ni/economia/380299-china-cree-que-reforma-sistema-cuotas-mejorara-efe/.*

EEUU – ECONOMÍA

La Reserva Federal y China amargan el año a Wall Street

EFEUSA | Nueva York | 10 dic. 2015

Las preocupaciones sobre la economía china y la cautela de la Reserva Federal han amargado un año bursátil que se presentaba bueno para Wall Street...Wall Street se encamina a firmar uno de sus peores registros desde que estalló la crisis, tras meses de grandes vaivenes en la principal plaza financiera del mundo, donde sigue reinando la incertidumbre...

Un año, el 2015, en el que se vivieron semanas de pánico en las bolsas mundiales durante el verano, cuando la desaceleración económica en China y el fantasma de una guerra de divisas tras la devaluación por sorpresa del yuan provocó desplomes históricos en Wall Street.

A finales de agosto, en un solo día el Dow Jones de Industriales llegó a despeñarse casi 600 puntos y el selectivo S&P 500 tuvo un agujero de más de 75 puntos, en lo que supuso la primera jornada de corrección en Nueva York en los últimos cuatro años[65].

---

65 *http://www.efe.com/efe/usa/economia/la-reserva-federal-y-china-amargan-el-ano-a-wall-street/50000106-2786740.*

Datos más recientes, de las muy autorizadas fuentes de *Bloomberg News* y *The Wall Street Journal Americas*, confirman lo dicho por EFE respecto al declive de importantes actividades económicas en Estados Unidos y su relación con el auge de la gran China, incluso en esta época de desaceleración de su crecimiento.

> ***La demanda de bonos del Tesoro de los Estados Unidos cayó este año al nivel más bajo desde 2009*** *al retraerse los operadores de Wall Street y los bancos centrales. El interés de los inversores fue de 2.8 veces para los casi US$2 billones de pagarés y bonos que han ofrecido los Estados Unidos, indican datos que recopiló Bloomberg. El ratio es menor que el de 2.99 del año pasado...*
>
> *Por su parte,* **China, el mayor acreedor extranjero de los Estados Unidos, se encamina a reducir la tenencia anual (de bonos) por primera vez en el marco de sus intentos de impulsar su moneda** [66].

Se debe poner énfasis en que se trata de los bonos del Tesoro de los Estados Unidos, instrumentos financieros codiciados por muchos por su extraordinaria seguridad. Y que, precisamente,

66 Susanne Walker Barton, «Bonos del Tesoro con poca salida», *El Día – Bloomberg News* (29-12-2015).

China tiende a reducir la compra de esos bonos para centrar sus esfuerzos en fortalecer el *yuan* como moneda internacional.

La otra información, en igual sentido negativo para Estados Unidos, es la siguiente:

> ***Este ha sido un cierre accidentado para un año más bien mediocre para las acciones estadounidenses***. *Muchas de las fuerzas que han operado detrás del decepcionante desempeño bursátil de 2015, como los deprimidos precios de las materias primas, el modesto crecimiento de la economía global, la reducción de las ganancias empresariales y el fortalecimiento del dólar, podrían persistir en 2016»*[67].

Estas y otras muchas informaciones confirman el lúcido análisis que hiciera hace años el economista dominicano César Augusto Sención en su obra *Declive de la hegemonía de Estados Unidos*, editada en Santo Domingo, en el 2008, con abundantes datos sobre la economía estadounidense de esos años.

Por supuesto, las malas noticias no son exclusivas de Estados Unidos, Europa y Occidente, en general, sino que también abarcan al Oriente, en particular a

---

67 Corrie Driebusch y Dan Strumpf, «Las acciones de EEUU cierran mal el año», *The Wall Street Journal Americas – Listín Diario* (29-12-2015).

la nueva gran locomotora de la economía mundial, la que evitó una depresión parecida a la del 1929, durante la crisis iniciada en 2007, con un amplio programa de inversiones públicas internas.

Ahora, en la página especial de *The Wall Street Journal Americas*, que publica cada día el periódico dominicano *Listín Diario*, en una sola edición se ven extensos análisis con titulares como éstos: «El banco central de China, el yuan y los mercados: anatomía de una crisis»y «El pesimismo se apodera de la economía china»(08-01-2015). Y días antes se publicó algo parecido sobre «un mal inicio de año para acciones, divisas y materias primas, incluido el crudo»[68].

La competencia económica entre grandes potencias y con los mercados emergentes es brutal. Poco importa el respeto al medio ambiente ni a la misma vida humana. Incluso prestigiosas firmas alemanas, como la Volkswagen, se ven envueltas en escándalos por trampas tecnológicas para evitar los controles medioambientales, en el primer y, se supone, bien controlado mercado mundial: Estados Unidos. El escándalo se ha extendido más recientemente a la Renault francesa por el mismo problema; mientras que la Fiat-Chrysler es acusada de

---

68 Dan Strumpf y Christopher Wittall (NY), Chao Deng y Anjani Trivedi (HK) y Mark Magnier (Beijing), «Las dudas sobre la economía china hacen temblar los mercados», *The Wall Street Journal Americas - Listín Diario* (05-01-2016).

falsear datos sobre ventas. Y peor comportamiento tienen automotrices estadounidenses en países en desarrollo, que incluso grupos de consumidores de esa nación llegan a denunciarlas.

> ***Las grandes automotrices son blanco de una fuerte presión para que incluyan equipo básico de seguridad en sus vehículos****, aunque los gobiernos no lo requieran, particularmente en los países en desarrollo. Cuatro grupos estadounidenses de defensa del consumidor, incluyendo* Consumer Reports *y* Public Citizen, *han enviado una carta a la presidenta ejecutiva de General Motors Co., Mary Barra, pidiéndole que instale* air bags, *bolsas de aire, como una característica estándar en todo el mundo.* **Al menos uno de esos grupos dijo que la empresa no ha respondido**[69].*

La inestabilidad en los diversos bloques económicos y la competencia del «capitalismo salvaje»(-como le llamara el papa Juan Pablo II, sintetizando magistralmente la crítica de *El Capital* de Marx), entre y dentro de ellos acelera la tensión internacional, crea un clima poco propicio para el entendimiento entre las autoridades representativas de

---

69 Gautham Nagesh, «Los fabricantes bajo presión para vender autos más seguros en América Latina», *The WSJA – Listín Diario* (29-12-2015).

pueblos culturalmente diferentes. Y hace más peligroso el momento histórico por la existencia y el posible uso o accidentes con armas nucleares. De altos ejecutivos de empresas internacionales y analistas económicos se leen pronunciamientos casi apocalípticos ante la volatilidad de los mercados. Este es uno de ellos:

> *«El mercado obviamente se alza sobre el muro de miedo, pero **en este momento el miedo resulta un poco más realista**», dijo Brad McMillan, director de inversiones de Commonwealth Financial Network en Waltham, Massachusetts, que tiene a su cargo US$100,000 millones*[70].

Para el momento histórico que vivimos, de las tensiones geopolíticas que se generan en diversas partes del planeta, lo más importante es, precisamente, ese forcejeo por el primer puesto, no quien lo ocupe; y los conflictos internos en ese populoso mundo chino y el muy militarizado Estados Unidos. Ahí radica, exactamente, la peligrosa transición de la hegemonía de una potencia occidental (Estados Unidos) a la de una oriental (la República Popular China), agravada por las diferencias culturales y, muy especialmente, **lo decisivo, el problema A1,**

---

70 Inyoung Hwang y Lu Wang, «Las malas noticias continúan en este año», *EL DÍA – Bloomberg News* (08-01-2016).

la existencia de las armas nucleares.

De todas maneras, es necesario dejar constancia de que el FMI calcula el producto interno bruto chino por la paridad del poder adquisitivo, en el 2015, en 18,975,871 millones de dólares; en tanto que el de Estados Unidos solo alcanzaría la cifra de 18,124,731 millones de dólares, inferior al del gigante asiático en más de 850 mil millones de dólares, diferencia equivalente al PIB de muy pocos países[71].

A precios corrientes, quedaría aún un buen trecho por recorrer para que la gran China alcance a Estados Unidos. Sin embargo, el FMI está tan convencido de la superioridad económica de la RP China que incluso ya utiliza el lenguaje de sus autoridades, al referirse a la «provincia china de Taiwán».

Además, ya se considera la PPA un cálculo más preciso, que también utiliza el Banco Mundial, por lo que calculó el ingreso nacional bruto (INB=PIB) chino del 2014 en diecisiete millones, novecientos sesenta y seis mil, ochocientos noventa y dos millones de dólares (US$17,966,892 millones); en tanto que el de Estados Unidos habría alcanzado, en el mismo año, 17,812,700 millones de dólares, con una diferencia favorable a China de más de 150 mil millones de dólares, cifra que de seguro desearían

---

71 *http://economia.elpais.com/economia/2015/04/15/actualidad/1429060990_180502.html*

alcanzar las autoridades y economistas de numerosos países pequeños e incluso algunos de mediano tamaño [72].

Por demás, China es hace años la primera potencia exportadora, desbancando a la poderosa Alemania, que mantuvo ese puesto por mucho tiempo, a pesar de su relativamente escasa población; gracias a su liderazgo en la producción de máquinas-herramienta, las costosas máquinas que producen máquinas. Y es también China la primera potencia comercial, por su extraordinario comercio exterior. Además, es la que tiene las mayores reservas en divisas: más de tres millones de millones de dólares.

De todas maneras, volvemos al punto del forcejeo por la hegemonía mundial, expresado especialmente en el aspecto militar y político, que hace el momento histórico más peligroso. Ayudaría a entenderlo mejor el recordar que a fines de la década del 70 el entonces presidente Jimmy Carter dijo que el PIB de la Rusia soviética equivalía apenas al 50% del estadounidense, pero dirigentes soviéticos replicaron que alcanzaba alrededor del 80%.

En realidad, según el conocido economista y dirigente comunista español Ramón Tamames, el PIB soviético era alrededor del 44% respecto al estadounidense; pero eso no impidió que la Rusia

___

72 *http://datos.bancomundial.org/indicador/NY.GNP.MKTP. PP.CD/countries.*

soviética alcanzara la llamada paridad militar estratégica y que enfrentara a Estados Unidos en buena parte del mundo, aunque le representara un alto costo que pagó con su colapso al iniciar los años 90. La humanidad vivió una tensión permanente, al borde del abismo, en el largo período de la *guerra fría*, independientemente de la diferencia en el poder económico de las superpotencias militares[73].

En este contexto, es muy valiosa la observación del profesor Kennedy en su famosa obra *Auge y caída de las grandes potencias*:

> *Las grandes potencias en decadencia relativa* **responden instintivamente gastando más en 'seguridad'** *y, por lo tanto, desvían recursos potenciales del terreno de la 'inversión' y agravan su dilema a largo plazo*[74].

La extraordinaria volatilidad de los mercados de valores, en este comienzo de año 2016, agrega un ingrediente de agudización de problemas impredecibles en un ambiente de tensión internacional, de forcejeo de las grandes potencias por su hegemonía.

Ni el rebote en las bolsas chinas tras la

---

73 Ramón Tamames, *Estructura económica internacional*, Madrid, 1995, p. 375.

74 Paul Kennedy, *Auge y caída de las grandes potencias*, Barcelona, 1998, p. 22.

última jornada negra, ni el buen dato de empleo en EEU, nada evitó ayer que los principales parqués europeos profundizasen en las pérdidas para confirmar el peor arranque de año que se recuerda. El Ibex 35 español cerró la sesión con un descenso del 1.66%, la mayor caída del continente, con Milán y París (-1.6%) a la zaga. Shangái había recuperado un 2% tras haber cedido un 7%. Pero los mensajes contradictorios de Pekín alientan las dudas de los inversores: **en lo que va de 2016 las bolsas mundiales pierden más de cuatro billones de euros**, *según datos de Bloomberg[75].*

Incluso competentes expertos entre los flemáticos y muy veteranos ingleses retroceden ante las turbulencias financieras, cerrando sus empresas por lo impredecible que se ha vuelto la posibilidad de obtener ganancias y lo que consideran la irracionalidad de las políticas de los más poderosos mercados emergentes asiáticos y también de Occidente.

Martin Taylor, cofundador de Nevsky Capital, piensa que la economía mundial está sujeta a tanto riesgo político que «para nosotros es más difícil que nunca pronosticar con precisión

---

75 X. Fontdegloria y A. Bolaños, «Las bolsas mundiales pierden cuatro billones de capitalización en 2016», *El País* (09-01-2016).

las variables macroeconómicas y corporativas». Una de las principales preocupaciones del Sr. Taylor, según carta a los inversionistas reimpresa en el sitio web Zero Hedge, es el hecho de que **los acontecimientos en China e India están definiendo cada vez más la economía global. El problema es que es difícil saber cómo la están definiendo....**

Los inversionistas modernos no están capacitados para lidiar con un mundo definido por la política irracional y las políticas caprichosas, tanto en Occidente como en China y otros mercados emergentes[76].

Todos estos y muchos otros datos solo confirman la tendencia al agravamiento de los problemas internacionales, haciendo mucho más peligroso el tránsito de la hegemonía de Estados Unidos a la de la gran China, no por los países involucrados, sino por los complicados fenómenos económicos, políticos, culturales y militares que se van desarrollando de manera casi incontrolable, de apariencia irracional.

---

76 Gillian Tet, «Mercados racionales esperan economías locas», *Financial Times – Diario Libre* (11-01-2016).

CAPÍTULO III
La cuestión cultural

El pueblo de Estados Unidos tiene apenas alrededor de cuatro siglos de historia, contando desde el nacimiento de los hijos de los primeros inmigrantes que llegaron a la costa Este del Norte de América, entre fines del siglo XVI y principios del XVII, incluyendo los famosos peregrinos del barco *Mayflower* y su prodigioso encuentro con las bandadas de pavos, origen del ya internacionalmente celebrado *Thanksgiving Day*.

El calendario chino, en cambio, va por el año 4712, es decir que existe una diferencia entre ambos que multiplica por casi 12 la historia de un pueblo respecto al otro. Esto, por sí solo, es una diferencia cultural extraordinariamente importante, que influye, necesariamente, en la actitud hacia la vida y la posible muerte de millones de seres humanos en un conflicto bélico.

El chino es un pueblo de muy arraigadas tradiciones y creencias, ideas fijas, que se sintetizan en las enseñanzas del maestro Confucio, cuyo cumpleaños 2566 fue celebrado recientemente. Pocos seres humanos han tenido ese privilegio.

El pueblo estadounidense, por otra parte, se ha forjado sobre oleadas migratorias, primero de ingleses e irlandeses, abalanzados contra la población indígena; luego, de africanos llevados forzosamente como esclavos a esas tierras; después otras oleadas de europeos (alemanes, polacos, italianos) y la última de latinoamericanos y caribeños que han engrosado la extensa población hispanoamericana existente ya en los territorios arrebatados a España, a principios del s. XIX, y a México a mediados del mismo siglo. Más recientemente han arribado a Estados Unidos los emigrantes de Europa oriental, tras el colapso del régimen soviético.

Estos movimientos migratorios constantes influyen necesariamente en una sistemática renovación de ideas y creencias que son el lado opuesto a las arraigadas tradiciones de los chinos. En tiempos normales, esas diferencias deberían contribuir a enriquecer la cultura de cada pueblo. En momentos de crisis, esas divergencias pueden convertirse en fatales malentendidos que no se aclaran en los minutos que se toman decisiones militares cruciales que pueden poner en peligro la vida de cientos de millones de seres humanos e incluso la existencia de toda la humanidad...

En los últimos cinco siglos de auge de grandes naciones occidentales, mayoritariamente europeas y sus extensiones al otro lado del océano Atlántico, se han acumulado agravios que acentúan más aún esas viejas diferencias culturales con los pueblos orientales. En *El choque de civilizaciones* se analiza este tema con amplitud y profundidad:

> *Unicamente las civilizaciones rusa, japonesa y etíope, las tres regidas por autoridades imperiales sumamente centralizadas, fueron capaces de resistir el asalto de Occidente y mantener una existencia independiente significativa. Durante cuatrocientos años, las relaciones entre civilizaciones consistieron en la subordinación de las demás sociedades a la civilización occidental...* ***Occidente conquistó el mundo, no por la superioridad de sus ideas, valores o religión (a los que se convirtieron pocos miembros de las otras civilizaciones), sino más bien por su superioridad en la aplicación de la violencia organizada. Los occidentales a menudo olvidan este hecho; los no occidentales, nunca***[77].

---

77 Samuel P. Huntington, *El choque de civilizaciones*, Barcelona, 2005, p. 62 y 63.

Las agudas divergencias culturales entre China, Rusia y Estados Unidos no solo derivan de sus historias más remotas, sino también de acontecimientos relativamente recientes. En 1928, León Trotsky escribía:

> **...*China no conocerá, a diferencia de Rusia, un período «democrático»***, *aun cuando sólo sea durante seis meses, como ocurrió, de noviembre de 1917 a julio de 1918, con la Revolución de Octubre; desde el principio deberá operar el gran cambio y suprimir la propiedad privada en las ciudades y los pueblos»*[78].

La vida parece haber dado la razón a Trotsky en esta predicción, pues desde la proclamación de la República Popular China por Mao Zedong, en 1949, hasta fines de los años 70-principios de los 80 los acontecimientos tienden a confirmar la tesis de la «revolución permanente», esbozada por Marx y desarrollada por su discípulo. Hubo un proceso ininterrumpido de cambios en China que parecía destinado a forjar un *hombre nuevo*, tras superar **«los problemas planteados por las relaciones entre las superestructuras ideológicas y la base económica»**[79].

---

78 León Trotsky, *La revolución china*, México, 1970, p. 28.

79 Charles Bettelheim, Jacques Charriere y Helene Marchisio, *La construcción del socialismo en China*, México, 1966, p. 143.

Ese mundo convulso y muy distinto al suyo fue que encontraron el asesor Henry Kissinger y su presidente Richard Nixon al llegar a Beijing a principios de los años 70, primero en secreto y luego con el viaje presidencial oficial de 1972. Eran los años subsiguientes al gran salto, el intento chino por convertirse en la primera productora mundial de acero. Fue aquella la época en que se consideraba que un país era desarrollado si producía una tonelada de acero por cada habitante, lo que significa que para China era una tarea colosal, teniendo en cuenta su extraordinaria población.

Más importante aún, fue la etapa de la gran revolución cultural, cuando la dirigencia china quería cambiarlo todo, desconociendo las extraordinarias obras culturales creadas en milenios por su propio pueblo y toda la humanidad. Aparentemente ese movimiento radical estaba inspirado en las enseñanzas marxistas, pero resulta exactamente lo contrario, si nos llevamos de lo dicho por Vladimir Lenin en un famoso discurso sobre la cultura, pronunciado ante el III Congreso de la Unión de Jóvenes Comunistas de Rusia en el año 1920.

Marx analizó de un modo crítico, sin desdeñar un solo punto, todo lo que había creado la sociedad humana. Analizó todo lo que había creado el pensamiento humano, lo sometió a la crítica, lo comprobó en el movimiento obrero y sacó de ello las conclusiones que las gentes encerradas en el marco burgués o atenazadas por los prejuicios burgueses no podían sacar.

Esto hay que tenerlo en cuenta cuando hablamos, por ejemplo, de la cultura proletaria. **Sin comprender con claridad que sólo se puede crear esta cultura proletaria conociendo con precisión la cultura que ha creado la humanidad en todo su desarrollo y transformándola;** *sin comprender eso, no podremos cumplir esta tarea. La cultura proletaria no surge de fuente desconocida, no es una invención de los que se llaman especialistas en cultura proletaria. Eso es pura necedad.* **La cultura proletaria tiene que ser el desarrollo lógico del acervo de conocimientos conquistados por la humanidad** *bajo el yugo de la sociedad capitalista, de la sociedad terrateniente, de la sociedad burocrática*[80].

Independientemente de que se esté de acuerdo o no con la expresión *cultura proletaria* o de que se la sustituya por *cultura de masa* o algo parecido, lo que queremos destacar aquí es el planteamiento leninista sobre la preservación y desarrollo del acervo cultural de la humanidad, por encima de los sistemas y las clases sociales; contrario a lo

---

80 V. I. Lenin, *Acerca de la juventud*, Moscú, p. 240.

planteado por las autoridades chinas de entonces, según los esquemas y los textos maoístas que se conocían por estos lares.

Con su autoridad ganada como ideólogo de la apertura a China y sus cincuenta viajes a ese país, Kissinger escribió otro voluminoso e interesantísimo libro titulado, precisamente, *CHINA*, en el cual se pueden apreciar las diferencias culturales entre los pueblos de las dos superpotencias de hoy y los malentendidos que han ocurrido y podrían ocurrir aún, especialmente relacionados con el peligroso tema de un posible choque nuclear que, con un poco de mala suerte, terminaría siendo el definitivo *final de la historia* y el gran y último *choque de civilizaciones*. En base a todos sus datos y análisis, Kissinger proyecta el futuro cercano con estas preocupantes palabras:

China intentaría apartar de sus fronteras a Estados Unidos, limitar el alcance de su poder naval y reducir su peso en el ámbito de la diplomacia internacional. Estados Unidos procuraría organizar a todos los países vecinos de China que pudiera como contrapeso frente al dominio de esta potencia. **La interacción incluso podría complicarse más porque las ideas de disuasión y prevención no coinciden del todo en las dos partes.** *Estados*

Unidos se centra más en el arrollador poder militar; China, en el impacto psicológico decisivo. ***Tarde o temprano, unos u otros errarían en el cálculo»***[81].

Ese futuro ya es presente con una gran China asegurando una ruta marítima clave que la conecta con cuatro continentes, desde el mar de la China Meridional hasta el mar Mediterráneo, pasando por islas y arrecifes en disputa con otras naciones, el golfo de Adén en el cuerno de Africa y el canal de Suez, entre otros puntos neurálgicos; mientras Estados Unidos logra el acuerdo comercial transpacífico, en un momento en que la interacción podría complicarse porque, precisamente, **«las ideas de disuasión y prevención no coinciden»**. Justamente ahí se podría **«errar en el cálculo»,** según advierte Kissinger. Y para el profesor Huntington:

...China va apareciendo poco a poco como la sociedad con mayores posibilidades de competir con Occidente por la influencia a escala mundial. Estos cambios de poder entre civilizaciones conllevan, y seguirán haciéndolo, el renacimiento y **una mayor afirmación cultural** *de las sociedades no occidentales y su creciente rechazo de la cultura occidental»(ob. cit. p. 105).*

---

81 Henry Kissinger, *CHINA*, México, 2012, p. 534.

Sin lugar a dudas, la cuestión más importante no es el rechazo, que es parcial e incluso hay una asimilación, también parcial, de la cultura occidental. A nuestro juicio, lo fundamental es la afirmación cultural, que en el caso de China se expresa en una vuelta a los valores de Confucio, es decir, esencialmente chinos; después de haber asimilado los preceptos marxistas para fortalecer el Estado y utilizar esa maquinaria poderosa para enfrentar a Occidente y acelerar el desarrollo económico autóctono.

Esa afirmación cultural, esa certidumbre de la identidad nacional, de lo que es propio en términos de territorio, costumbres e ideas, se puede apreciar no sólo en el enfrentamiento entre Oriente y Occidente, sino también entre potencias occidentales y pueblos del mismo ámbito cultural; pero con escasa población, reducido espacio geográfico y atraso económico, que fueron colonizados por naciones poderosas.

Fue la certeza de la dominicanidad que llevó a los más decididos de unas cuantas decenas de miles de personas ubicadas en menos de cincuenta mil kilómetros cuadrados a enfrentar, en 1808, al poderoso ejército de Napoleón, el *dios* de la guerra, según Clausewitz, y derrotarlo en lo que entonces era una muy pobre y antigua colonia española cedida a Francia, en 1795. La mayor parte de ese mismo ejército francés había sido derrotado por los haitianos, antiguos esclavos, unos años antes en la parte occidental de la isla de Quisqueya o Santo Domingo.

Aunque los jefes más influyentes de aquel movimiento político-militar decidieron la incorporación a España, es decir, volver a ser colonia, por encima de las opiniones de algunos favorables a la independencia nacional; sin embargo, incluso esos hispanófilos actuaron demostrando que estaban conscientes de su potencial como un Estado en ciernes, que podía ejercer suficiente autonomía, como lo hicieron con numerosas demandas, que no pudo negarles España por sus méritos militares; aunque eran política y jurídicamente parte del reino de España. Así queda claramente expuesto en la obra *De súbditos a ciudadanos*:

> *La crisis económica y las inaplazables exigencias de ingresos llevaron a la Real Hacienda a demandar en 1820 el restablecimiento del diezmo. Pero el cabildo de Santo Domingo se opuso de manera categórica a la reimplantación de la gravosa contribución. La presión de los regidores obligó a la Corona a suspender la medida. La metrópolis comprendió que no le convenía contrariar las demandas del patriciado dominicano, el cual había desempeñado un papel protagónico en la liberación de la isla del dominio francés.* **Del mismo modo que**

habían empuñado victoriosamente las armas contra los franceses, podían hacerlo contra el poder de España, *por lo que la Corona optó por acceder a las reclamaciones autonomistas de los patricios (dominicanos)* [82].

En vez de ceder a las presiones de España, los dominicanos de entonces decidieron proclamar la Independencia, en 1821, llamada efímera porque fue abolida nuevamente por la superioridad de Haití, en 1822. Sin embargo, pronto surgieron los sentimientos diferenciadores de dominicanos y haitianos y esa misma certidumbre de la identidad nacional llevó al gran patricio Juan Pablo Duarte a desarrollar una extraordinaria labor cultural y política, desde 1838, cuando fundó la sociedad secreta La Trinitaria para separar a la población de su tierra del gobierno haitiano de entonces y constituir lo que es hoy la República Dominicana, tras la proclamación de la Independencia Nacional en 1844.

Y Duarte sintetizó mejor que nadie esa certeza de la dominicanidad, frente a cualquier potencia occidental, en una carta del 7 de marzo de 1865, cuando la patria volvió a estar bajo el pabellón español por decisión de malos dominicanos, ciudadanos del infierno, como les llamó.

---

82 Jorge Ibarra Cuesta, *De súbditos a ciudadanos*, Santo Domingo, 2012, p. 261. Citando a: Ramón Pérez Memén, *La Iglesia y el Estado*, Santo Domingo, 1984, p. 409.

...Si después de veinte años he vuelto espontáneamente a mi patria a protestar con las armas en la mano contra la anexión a España llevada al cabo a despecho del voto nacional por la superchería de ese bando traidor y parricida, no es de esperarse que yo deje de protestar (y conmigo todo buen dominicano), **como protesto y protestaré siempre, no digo tan sólo contra la anexión de mi patria a los Estados Unidos, sino a cualquier otra potencia de la Tierra, y al mismo tiempo contra cualquier tratado que tienda a menoscabar en lo más mínimo nuestra Independencia Nacional y cercenar nuestro territorio y cualquiera de los derechos del pueblo dominicano**. *Otrosí y concluyo: visto el sesgo que por una parte toma la política franco-española y por la otra la angloamericana* **y la importancia que en sí posee nuestra isla para el desarrollo de los planes ulteriores de todas esas cuatro potencias, no debemos extrañar que un día se vean en ella fuerzas de cada una de ellas peleando por lo que no es suyo»**[83].

---

83 Rosa Duarte, *Apuntes de Rosa Duarte – Archivo y Versos de Juan Pablo Duarte,* Santo Domingo, 1994.

Los valores culturales específicos de esta comunidad comenzaron a sobresalir en la temprana obra literaria de Nicolás Ureña, padre de Salomé Ureña, poetiza reconocida por el destacado crítico español Marcelino Menéndez y Pelayo, quien también se refirió a poemas del mismo Duarte. Salomé Ureña fue la madre de Pedro, Max y Camila Henríquez Ureña, cuyo magisterio, especialmente del primero, trascendió las fronteras de la pequeña República Dominicana y se proyectó por toda Iberoamérica.

Apenas salimos de la espesa nube colonial al sol quemante de la independencia, sacudimos el espíritu de la timidez y declaramos señorío sobre el futuro*. Mundo virgen, libertad recién nacida, repúblicas en fermento, ardorosamente consagradas a la inmortal utopía: aquí habían de crearse nuevas artes, poesía nueva.* **Nuestras tierras, nuestra vida libre, pedían su expresión**[84].

Destacados escritores iberoamericanos han reconocido el extraordinario aporte del maestro Pedro Henríquez Ureña en esa labor de afirmación cultural. Y expertos cubanos, expertas en especial, condiscípulas y alumnas de Camila Henríquez

---

84 Pedro Henríquez Ureña, *Seis ensayos en busca de nuestra expresión*, edición de Miguel D. Mena. *http://www.cielonaranja.com/phuseisensayos.pdf*.

Ureña, han estudiado detalladamente la vida de la ilustre familia dominicana y su trascendencia continental en el campo de las letras.

Específicamente sobre Pedro Henríquez Ureña, el más conocido de los hijos de Francisco Henríquez y Carvajal, también notable hombre público, y Salomé Ureña...

> *...Debe señalarse su dedicación erudita en la factura de numerosos trabajos que bucearon en las raíces y en el proceso de la identidad nacional y continental: ensayos, artículos, conferencias, cartas y estudios. **De su pluma resultaron justipreciadas y enaltecidas la cultura y la historia dominicanas.** Fue el resultado de sabia y tesonera labor de acopio del patrimonio y de sus acertadas valoraciones, realizadas con **énfasis especial en la fortaleza de la unidad de la cultura hispánica.** Así, se dio de lleno al empeño de e**structurar teóricamente el proceso continental, en el que colocó a su patria como primer escalón histórico-cultural**[85].*

Ese bucear en la vida cultural propia tuvo, como es lógico suponer, numerosos antecesores que sirvieron de base a la extraordinaria labor literaria de

---

85 Yolanda Ricardo, *MAGISTERIO Y CREACIÓN – Los Henríquez Ureña*, Santo Domingo, 2003, p. 55.

la familia Henríquez Ureña. Incluso un autor dominicano marcadamente hispanófilo, como Manuel de Jesús Galván, tuvo el acierto de escribir la novela histórica *Enriquillo*, que concitó sobresalientes elogios, entre otros, del apóstol cubano José Martí, enfrentado en ese momento histórico a la misma España, que aún dominaba su patria, al final del siglo XIX. Una carta de José Martí al escritor dominicano, en 1884, se ha convertido en el mejor prólogo del *Enriquillo*:

Sr. Manuel de Jesús

Señor y amigo: Acabo en este momento de leer su Enriquillo. No supe decirle adiós desde que trabé con él conocimiento, y quedamos tan amigos, que se lo he de ir presentando a todo el mundo, para que me lo alaben y protejan, como si fuese cosa mía, lo cual es, por ser, como será en cuanto se le conozca, cosa de toda nuestra América.

Pienso publicar los méritos del libro pero no aguardo a esto para decir a Ud. cuánto gozo he tenido con su lectura. Leyenda histórica no es eso; sino novísima y encantadora manera de escribir nuestra historia americana. En el lenguaje, ¡qué castidad, prudencia y donosura! En las observaciones que esmaltan, como diamantes negros una sortija de oro, la narración amena, ¡qué dolorosa ciencia, aprendida, bien se ve, en continuados pesares!

En la presentación de los caracteres, ¡qué maestría, gradación, justeza, acabamiento! ¿Cómo ha hecho Ud. para reunir en un solo libro novela, poema e historia?

No haga Ud. otra cosa, luego que concluya su tratado, que escribir cuentos como éste, en que las excelencias son tantas como las palabras, la trascendencia igual a la armonía y la moderación comparable sólo a la extrema belleza, y causa en mucho de ella. ¡Qué Enriquillo, que parece un Jesús! ¡Qué Mencía, casada más perfecta que la de fray Luis! Y en todo ¡qué poder y hermosura!, ¡qué transparencia en las escenas!, ¡qué profundidad en la intención!, ¡qué arte en todo el conjunto, que baja al idilio cuando es menester y se levanta luego sin esfuerzo, y como a esfera natural, a la tragedia y la epopeya! Acaso sea esa la manera de escribir el poema americano[86].

La afirmación de esa cultura se expresa incluso en otro idioma, el inglés, con contenidos auténticamente dominicanos, en escritores como Junot Díaz, Julia Alvarez y otros. También en autores multifacéticos como Manuel Rueda: poeta, novelista,

---

86 *http://www.josemarti.cu/publicacion/nueva-york-19-de-septiembre-1884/.*

ensayista, compositor, pianista y dramaturgo, ganador del premio iberoamericano de teatro Tirso de Molina, por su significativa obra *Retablo de la pasión y muerte de Juana la Loca.*

Más aún, la presencia de alrededor de dos millones de dominicanos en Estados Unidos, especialmente la concentración en Nueva York, Providence y Miami, y decenas de miles en otras partes del mundo, representa un poder difuso, pero efectivo, que significa para el pueblo dominicano, por esa certidumbre de la identidad nacional, una extraordinaria capacidad defensiva en caso de que su territorio fuera invadido nuevamente por tropas estadounidenses, como lo fue en 1916 y 1965, o por soldados de otro país.

Estos datos confirman la extraordinaria importancia de la cultura, a que se refieren el profesor Huntington y otros autores, que resulta políticamente significativa incluso para un pueblo de reducida población y escaso territorio, como el dominicano, y en un subcontinente, como el latinoamericano, de bajo nivel científico-técnico:

*...Por virtud de las **recónditas eficiencias de la sensibilidad artística** que incluyen forzosamente los mil matices ideológicos y morales del alma, al genio sólo perceptibles; como sólo a él es dado comunicarlos por el contagio de la*

*emoción con que los ve y los pinta. Y es así (y aquí estriba todo **el secreto de las grandes eficiencias del arte**), porque el fondo inmanente de nuestra personalidad es afectivo y no intelectual, y de él arrancan y a él van a parar, por un proceso psicológico más o menos perceptible, todos los aspectos de nuestra conciencia*[87].

Son esas eficiencias del arte que han permitido a la América Latina y el Caribe ocupar un sitial de primer orden en la literatura universal, sobreponiéndose los autores a las ineficiencias económicas y desigualdades sociales. Entre decenas de autores, se destacan los premios Nóbel: Gabriela Mistral, Miguel Angel Asturias, Pablo Neruda, Gabriel García Márquez, Octavio Paz y Mario Vargas Llosa.

Y esa afirmación cultural coloca a la región de Latinoamérica y el Caribe en condiciones de elaborar una política diplomática común y jugar un rol de primer orden en la lucha por la supervivencia de la humanidad, en la insistencia en la necesidad de destruir todas las armas nucleares, como única garantía segura de evitar una guerra o desastre nuclear. La firma del *Tratado de Tlatelolco* le da, además, suficiente autoridad política para exigir la solución definitiva del problema **A1**

---

87 Esteban Borrero Echeverría, «El hombre y el artista», *Visión cubana de Cervantes*, La Habana, 1980, p. 32. Las negritas son del original.

de los más de siete mil millones de seres humanos que habitamos la Tierra.

Por supuesto, la misma certidumbre de la identidad ha aportado a otros pueblos, durante milenios, suficiente vigor para defenderse de los ataques e intervenciones de las potencias hegemónicas en regiones o en el planeta. El pueblo vietnamita es un buen ejemplo, en Oriente, de esa firme determinación de ser libre frente a cualquier poder, por inmenso que fuese, occidental u oriental. Lo demostró enfrentándose victoriosamente y sacando de su territorio en un breve lapso histórico, entre mediados de los 50 y fines de los años 70, a los franceses, estadounidenses y chinos, sucesivamente.

Es claro que lo más conveniente para la humanidad que habita este planeta es que se vaya forjando una cultura de paz que ya esté debidamente afianzada para cuando un súper poder como China, con más de 1,300 millones de habitantes, o la India, que se proyecta tendría alrededor de 1,700 millones para el 2050, ejerza una hegemonía mundial incuestionable y con potencial para durar siglos en esa posición. Desde la cual, por supuesto, sus autoridades hablarían en otro tono a todos los otros mortales, incluidos Estados Unidos, Europa, Rusia, Japón, Brasil y otras potencias que puedan surgir.

Sin embargo, es alentador constatar que el presidente chino, Xi Jinpin, valora la importancia de tener un mayor círculo de amigos, en vez de adversarios, según declaró en su mensaje de inicio de año, citado y analizado por el reconocido sinólogo dominicano Luis González:

> *China abrirá para siempre sus brazos hacia el mundo y haremos todo lo posible para brindar nuestras manos de ayuda a las personas en aprietos, para* **que sea cada vez mayor nuestro círculo de amigos**. *Espero con sinceridad que la comunidad internacional haga esfuerzos mancomunados, con más calma y colaboración, y convierta las confrontaciones en colaboraciones y la hostilidad en amistad, para construir en conjunto una comunidad común para el destino humano, que sea compartida por los pueblos de los diversos países del mundo*[88].

Y en su último discurso sobre el estado de la Unión, la rendición anual de cuentas de los presidentes estadounidenses, el ya saliente Barack Obama expresó, igualmente, sus buenos deseos por alcanzar un mundo seguro y en paz.

> *El futuro que queremos, oportunidad y seguridad para nuestras familias, un nivel de vida*

---

88 http://acento.com.do/2016/opinion/8313507-xi-jinping-mensaje-a-su-pueblo-y-al-mundo-para-2016.

cada vez mayor y **un planeta sustentable y en paz para nuestros hijos; todo eso está a nuestro alcance**. *Pero solo ocurrirá si trabajamos juntos.* **Solo ocurrirá si podemos mantener debates racionales** *y constructivos*[89].

Un planeta sustentable y en paz para nuestros hijos, como plantea el presidente Obama, sólo se garantiza con la destrucción total de las armas nucleares, no hay otra opción duradera. Y para mantener debates racionales es imprescindible que no vuelvan a la Casa Blanca personas que *atacan* la razón, parafraseando el libro del exvicepresidente estadounidense Al Gore en referencia al expresidente George Bush hijo.

Si las palabras de estos dos presidentes, precisamente cabezas de las dos superpotencias en forcejeo por la hegemonía mundial, fueran siempre coherentes con los hechos por venir y seguido el ejemplo por sus continuadores, entonces el mundo sería distinto...

---

89 *http://cnnespanol.cnn.com/2016/01/12/discurso-completo-de-obama-sobre-el-estado-de-la-union/#0*

CAPÍTULO IV
Las transformaciones políticas

La gran Revolución Francesa tuvo diez años (1789-1799) de cambios ininterrumpidos hasta que Napoleón Bonaparte tomó el control del poder y volvió a establecer el régimen monárquico interno, aunque su formidable ejército se enfrentaba en otros territorios a las viejas monarquías europeas e imponía los postulados políticos burgueses.

Las bayonetas del ejército de Napoleón encontraron el camino ya allanado por un ejército invisible de libros, de opúsculos, derramados desde París a partir de la primera mitad del siglo XVIII y que habían preparado a los hombres y las instituciones para la necesaria renovación[90].

Menos de un siglo después (1871), en la Francia que perdía la hegemonía militar en Europa frente a

---

90 Antonio Gramsci, *ANTOLOGÍA*, La Habana, 1973, p. 16.

la Alemania de Otto von Bismarck, se alzaba el proletariado en la Comuna de París, por sus propias reivindicaciones. Teóricamente, esta última experiencia ponía a la orden del momento histórico la revolución genuinamente proletaria.

Sin embargo, Federico Engels, un hombre de talento con los pies sobre la tierra, agudo observador de la vida real por encima de las especulaciones filosóficas, advirtió con tiempo los ajustes políticos que debieron hacerse tras la cruenta experiencia de la Comuna de París:

> *Si han cambiado las condiciones de la guerra entre naciones, no menos han cambiado las de la lucha de clases. La época de los ataques por sorpresa, de las revoluciones hechas por pequeñas minorías conscientes a la cabeza de las masas inconscientes, ha pasado.* ***Allí donde se trata de una transformación completa de la organización social, tienen que intervenir directamente las masas, tienen que haber comprendido ya por sí mismas de qué se trata, por qué dan su sangre y su vida. Esto nos lo ha enseñado la historia de los últimos cincuenta años.*** *Y para que las masas comprendan lo que hay que hacer, hace falta una labor larga y perseverante...* [91].

---

91 Federico Engels, *TEMAS MILITARES*, Akal editor, p. 267.

La Revolución Socialista de Octubre, encabezada por Vladimir Lenin, en la Rusia de 1917, dio la impresión de que, en los primeros años, desmentía esa advertencia de Engels. Sin embargo, con la nueva política económica impulsada por el mismo Lenin pocos años después, tras la superación de los enfrentamientos militares, y los correspondientes ajustes políticos de entonces, parecía que se tenía en cuenta la experiencia acumulada por el proletariado europeo occidental, sintetizada por el albacea literario de Carlos Marx.

Más adelante cambió el curso de los acontecimientos en la Rusia soviética, por diversas circunstancias que no va al caso analizar en este breve ensayo. Pero en conexión con lo escrito por Engels, merece mencionarse la evolución de la experiencia italiana y del pensamiento gramsciano respecto a los dos procesos revolucionarios, en Rusia y en su país.

La Revolución de los bolcheviques está más hecha de ideología que de hechos. *(Por eso, en el fondo, importa poco saber más de lo que sabemos ahora).* ***Es la Revolución contra El Capital de Carlos Marx.*** *El Capital, de Marx, era en Rusia el libro de los burgueses más que el de los proletarios.* ***Era la demostración crítica de la fatal necesidad de que en Rusia se formara una burguesía,***

empezara una Era capitalista, se instaurase una civilización de tipo occidental, *antes de que el proletariado pudiera pensar siquiera en su ofensiva, en sus reivindicaciones de clase, en su revolución.* ***Los hechos han superado las ideologías...***[92].

Y respecto a su país, el gran teórico italiano precisó con tiempo las particulares condiciones en que tocaba actuar a la clase obrera:

> ***En ningún país puede el proletariado conquistar y conservar el poder con sus solas fuerzas; por tanto, tiene que conseguir aliados,*** *o sea, tiene que llevar a cabo una política que le permita ponerse en cabeza de las demás clases que tienen intereses anticapitalistas y guiarlas en la lucha por derribar la sociedad burguesa.* ***La cuestión es de particular importancia en Italia, donde el proletariado es una minoría de la población trabajadora*** *y está distribuido geográficamente de tal modo que no puede pensar en llevar adelante una lucha victoriosa por el poder sino después de haber dado una solución exacta al problema de sus relaciones con la clase de los campesinos (ob. cit. p. 188).*

---

92 Antonio Gramsci, *ANTOLOGÍA*, La Habana, 1973, p. 34.

Fue en Italia, precisamente, que Enrico Berlinguer, entonces secretario general del influyente Partido Comunista, planteó el «compromiso histórico»entre marxistas y cristianos, a fines de los años 60, para estabilizar políticamente a ese país y realizar las transformaciones políticas y sociales necesarias con un amplio respaldo popular. Ese planteamiento no fue bien recibido por la burocracia ortodoxa soviética y sus seguidores; tampoco por la OTAN y Estados Unidos.

Por una de esas ironías de la historia, que explicaba muy bien el teórico polaco Isaac Deutscher, el compromiso histórico comenzó a germinar en tierra americana, en el Chile de Salvador Allende, con su victoria de 1970, sustentada por un heterogéneo conjunto de fuerzas políticas.

El régimen pluralista y democrático, con vocación social, del presidente Allende fue derrocado a los tres años por la acción concertada de la derecha chilena y el poder imperial de Estados Unidos e instaurada la sangrienta y prolongada dictadura del general Augusto Pinochet. Para superar ese trauma, incluso los demócratas cristianos de derecha, que directa o indirectamente habían contribuido al derrocamiento de Allende, se unieron a diversos partidos, incluyendo socialistas, y forjaron la coalición Concertación Democrática que gobernó cuatro períodos consecutivos, perdió en un proceso electoral y recuperó el poder con la actual presidenta Michelle Bachelet.

Es la concreción más acabada, probablemente, del «compromiso histórico»que planteaba Berlinguer en Italia. También en Uruguay y El Salvador se ha seguido un proceso parecido, en este aspecto, al chileno. Y más acorde con el planteamiento de Engels, a fines del siglo XIX, sobre las alianzas políticas que necesitaba el proletariado, tras la dura experiencia de la Comuna de París.

En cambio, de la *genuina* revolución proletaria soviética, tras el colapso del régimen, lo que se ha visto en pocos años es la más grande estafa que haya sufrido pueblo alguno en la historia con la conversión de una burocracia corrupta, que controlaba inmensas propiedades públicas, en una burguesía multimillonaria, ostentosa, grosera, que no cuenta ni con un mínimo de refinamiento propio de las burguesías europeas forjadas en un proceso de siglos. Además del poco amor a su país de muchos de esos nuevos capitalistas, quienes se han ido a Inglaterra y otros lugares a disfrutar y exhibir sus riquezas mal habidas.

De otra parte, China se ha movido hacia la expansión y el fortalecimiento de la propiedad privada, estimulada por el gobernante Partido Comunista, junto a la permanencia de grandes corporaciones estatales, desde las reformas iniciadas por el líder

Ten Siao Ping, hace cerca de cuatro décadas; hasta el punto que numerosas compañías y empresarios chinos ya se cuentan entre las más poderosas y ricos del mundo. Procesos parecidos han ocurrido en las zonas de influencia de estas dos grandes potencias.

Merece recordarse que desde tiempos inmemoriales han surgido ideas, prácticas y medidas oficiales que podrían calificarse de socialistas o socializantes, tendentes claramente a reducir, al menos, las desigualdades sociales que han sido evidentes en diversos países desde la muy remota Antigüedad Clásica. Destacados historiadores se han referido a estos intentos, especialmente en el antiguo Egipto, más de mil años antes de Cristo:

Al restablecimiento del absolutismo por los fundadores del Nuevo Imperio había correspondido una intervención completa de toda la economía por el poder y un verdadero Estado socialista prevalecía de nuevo. El faraón, en virtud de su reafirmado poder divino, era propietario, no sólo nominalmente como en ciertas épocas, sino a menudo efectivamente, de los medios de producción de la tierra y de las industrias, y disponía de todas las funciones civiles, militares y religiosas. Si la propiedad privada no era totalmente inexistente, ya que los templos y algunos particulares disfrutaban de este derecho, permanecía bajo el control de un ejército de funcionarios, empadronadores, escribas y contables.

El Estado reglamentaba también el reparto de bienes *por las detracciones que hacía sobre toda la producción y que depositaba en los almacenes de las 'ciudades de aprovisionamiento' y en los depósitos establecidos hasta en las más pequeñas aldeas; allí acumulaba no sólo los productos agrícolas, sino los de la artesanía. A causa de la monopolización del comercio, en todo lo que se vendía, el Estado realizaba importantes ganancias que representaban un impuesto muy pesado, pues los precios eran elevados;* ***en contrapartida, obraba de manera que la subsistencia de todos estaba asegurada***[93].

Es evidente que para replantearse hoy el socialismo como meta alcanzable a mediano o largo plazo, como sustituto del sistema capitalista mundial, y tratar el tema con un mínimo de rigurosidad científica, aunque solo sea un bajo porcentaje de la rigurosidad con que Carlos Marx escribió *El Capital*, habría que contestar al menos dos preguntas: ¿Qué era lo que existía en la antigua Unión Soviética y por qué colapsó? ¿Qué régimen social existe hoy en China y por qué se mantiene? Son dos cuestiones

93 Fernán Devismes, *HISTORIA DE LAS GRANDES CIVILIZACIONES*, t. I, Madrid, 1983, p. 47.

que probablemente no encontrarán respuestas adecuadas en las próximas dos o tres generaciones, al menos en términos masivos, políticos; quizás se llegue en un futuro cercano a un consenso entre minorías académicas...

En la bibliografía conocida, lo que más se acerca a lo que existió en la Rusia soviética y existe hoy en la gran China es el llamado **modo de producción asiático**, un complejo mundo de sistemas sociales mezclados que han estado evolucionando en Eurasia durante milenios y que se han expresado políticamente en lo que numerosos expertos llaman **despotismo oriental**, con sus diversos matices en distintas épocas y países, por supuesto.

*El problema del modo de producción asiático juega también un papel importante en las discusiones entre Plejánov y Lenin. Este último estaba muy interesado en las particularidades de Asia y en las tendencias del régimen zarista **hacia un despotismo, un estancamiento de tipo asiático**; después del fracaso de la Revolución de 1905 temía una 'restauración asiática' en Rusia. Mas, el contenido preciso y la evolución de su pensamiento con respecto a estos problemas no ha sido aún suficientemente estudiado[94].*

---

94 Jean Chesnaux y otros, *El modo de producción asiático*, México, 1969, p. 33.

Seguramente por su interés en esas particularidades euroasiáticas habrá escrito Lenin la voluminosa obra *El desarrollo del capitalismo en Rusia*. Las especificidades de Asia se expresan hoy con más fuerza gracias a su extraordinario poder económico, por encima de la desaceleración del crecimiento en China. Y también en el ejercicio de un poder político enigmático que puede tomar decisiones militares muy distintas a las que esperaría la racionalidad occidental, incluyendo arriesgar la vida de millones de seres humanos, en un momento de crisis o de clara superioridad ante el adversario. Por supuesto que decisiones igualmente peligrosas pueden tomarse y se han tomado en Occidente, como ya se ha visto y sufrido en Japón, partiendo de otros valores políticos y culturales.

CAPÍTULO V
El debate ideológico

Es un triunfo ideológico para el Vaticano la visita del papa Francisco a Cuba, del representante de las creencias religiosas mayoritarias en la región de Latinoamérica y el Caribe a la isla cuyas autoridades son oficialmente ateas o bien marxistas; no obstante lo cual, asistieron, igual que otros feligreses, a la misa multitudinaria realizada en la Plaza de la Revolución en La Habana.

También es el viaje del Papa a la isla caribeña un triunfo político para sus autoridades, por lo que representa como espaldarazo en su enfrentamiento con Estados Unidos, para que sea reconocida, más que su gobierno, la independencia nacional que Estados Unidos no había querido admitir oficialmente, a dos siglos de iniciado el proceso independentista contra la dominación española.

Además, la misma población cubana, por su respuesta, aprecia esa visita como un apoyo a su causa frente al imperio que le ha aislado por medio siglo y también podría entenderse que ante sus propias autoridades en la medida en que tuviera quejas contra ellas. En este contexto, la religión no es «el opio del pueblo»; adquiere otro significado. En su famosa introducción a la obra *Filosofía del Derecho*, Carlos Marx lo explicó así:

> *La religión es la interpretación general de este mundo, su resumen enciclopédico, su lógica en forma popular...Su **consuelo** y justificación universal...**La religión es el sollozo de la criatura oprimida**[95].*

Y más que un consuelo, se convierte en un arma política que cuestiona, aunque sea indirectamente, el *status quo*, internacional y nacional; como ocurría con el mensaje de Cristo y sus discípulos sobre la igualdad de todos los seres humanos ante los ojos de Dios, que en el contexto de la esclavitud, en la Antiguedad Clásica, especialmente en Roma y sus dominios, se convertía en un elemento subversivo, revolucionario en ese momento histórico. Así lo entendía Gramsci, haciendo una comparación entre los comunistas de su época, durante y después de la I Guerra Mundial, y los primeros cristianos.

---

95 Jorge G. F. Hégel, *Filosofía del Derecho*, Buenos Aires, 1955, p. 7.

Igualmente, es un triunfo para el principal representante de la Iglesia Católica ser recibido como jefe de Estado con un desborde de entusiasmo reservado a los héroes, en un país de mayoría protestante. Al tiempo que se convirtió en aliado político del gobernante Barack Obama, al plantear ante el Congreso estadounidense temas de la agenda presidencial, entre ellos la defensa de los inmigrantes, cuestionando la actitud de los legisladores republicanos contrarios a una reforma migratoria humanitaria en ese país.

Son ironías de la historia, escribiría Isaac Deutscher. Caen los últimos muros de la *guerra fría* ante el empuje del encanto de un pontífice latinoamericano y del eficaz trabajo del veterano cuerpo diplomático del Vaticano. Buen momento para América Latina jugar un rol de primer orden, no tanto en el debate ideológico, que se evapora al contacto con la compleja realidad política; sino, precisamente, en el debate político por un mundo definitivamente libre de armas nucleares, por una cultura universal de paz en términos reales, por un planeta libre de amenazas a su equilibrio ecológico y, por tanto, a la vida de más de siete mil millones de seres humanos.

El viaje del papa Francisco a Cuba y su encuentro con el patriarca Cirilo, de la Iglesia Ortodoxa Rusa, y el presidente cubano, Raúl Castro, de anfitrión, confirma que las diferencias ideológicas se volatilizan ante la urgencia de la concertación para solucionar problemas internacionales urgentes, entre ellos la persecución de los cristianos en Oriente Medio y África, el terrorismo de diversos grupos fanatizados y la dramática migración de miles de seres humanos, con los tintes trágicos de las conmovedoras muertes de hombres, mujeres y niños, simbolizada especialmente por el cadáver de uno de estos últimos en una playa.

Seguramente es la más significativa de las ironías históricas que sea un marxista que sirva de enlace para una reunión de las cabezas de dos iglesias que no se reunían hace casi un milenio. El periódico global en español lo sintetiza así:

> *En pocos meses, Castro se ha convertido en el anfitrión de un abrazo esperado casi mil años entre católicos y ortodoxos.* ***No se sabe si por la intercesión del Che (Ernesto Guevara) o por la de la Virgen de la Caridad del Cobre***, *la historia se escribió ayer tarde en una sala de espera de un aeropuerto lejano* [96].

En México, el padre Francisco se puso claramente del lado de la mayoría mexicana, pronunciándose enérgicamente contra el narcotráfico y la

---

96 Pablo Ordaz, «El papa y el patriarca ruso inician la reconciliación», *El País* (13/02/2016).

corrupción, entre otros males. En el diario citado se explica la raíz de la influencia papal:

> *Un catolicismo sincrético, mestizo y popular, producto de la asimilación de las culturas prehispánicas. Una mezcla, consentida y hasta impulsada por la Iglesia, que tan buenos resultados le ha dado a lo largo de los siglos como estrategia de captación de fieles. México, como el resto de Latinoamérica, es marcadamente católico precisamente por esa inmersión en las profundidades populares[97].*

Siendo intérprete del «sollozo de la criatura oprimida», como lo explicaba Marx, el papa Francisco se convierte en autorizado portavoz de Latinoamérica, en un momento especial de renacimiento de las grandes culturas amerindias, y figura clave en una política común latinoamericana, basada en el *Tratado de Tlatelolco*, que demande sistemáticamente la destrucción de las armas nucleares.

En la extensa declaración firmada por el papa Francisco y el patriarca Cirilo se tratan diversos temas comunes a las dos iglesias cristianas y males que afectan a toda la humanidad y amenazan su existencia, entre ellos, como es lógico suponer, el de las armas nucleares.

---

97 P. Navarrete y Marcial Pérez, «Un país más allá del catolicismo»., *ob. cit.*

*Hacemos un llamado a todos los cristianos y a todos los creyentes en Dios para rezar al Señor Creador y Providente que cuida el mundo, **que guarde su creación de la destrucción y no permita una nueva guerra mundial**. Para que la paz sea duradera y fiable, se requieren esfuerzos especiales destinadas al regreso a los valores comunes, que nos unen, basados en el Evangelio de Nuestro Señor Jesucristo*[98].

El líder cubano Fidel Castro, tras reunirse con el patriarca Cirilo, puso énfasis en lo fundamental de ese texto y escribió un breve pero trascendental artículo, obviando las diferencias.

*...La singular importancia del encuentro entre el Papa Francisco y Su Santidad Kirill, en La Habana, es que ha suscitado la esperanza de los pueblos del mundo.... La paz ha sido el sueño dorado de la humanidad y anhelo de los pueblos en cada momento de la historia. **Miles de armas nucleares penden sobre las cabezas de la humanidad.** Impedir la más brutal de las guerras que puede desatarse, ha sido sin duda el objetivo fundamental del esfuerzo de los líderes*

---

98 *www.aciprensa.com/noticias/texto-declaracion-firmada-por-el-papa-francisco-y-el-patriarca-ruso-kirill-en-cuba-83129/*

religiosos de las iglesias dirigidas por hombres como el Papa Francisco, Sumo Pontífice de la Iglesia Católica, y Su Santidad Kirill, Patriarca de Moscú y de Toda Rusia... **Luchar por la paz** *es el deber más sagrado de todos los seres humanos, cualesquiera que sean sus religiones o país de nacimiento....*[99]

Las palabras del ya difunto líder cubano son lo suficientemente explícitas al poner el énfasis en la necesidad de la destrucción de las armas nucleares para salvar a la humanidad, por encima de las diferencias de dos figuras tan importantes como el Papa Francisco y el Patriarca de Moscú y de toda Rusia, Su Santidad Kiril; y las del propio Fidel Castro.

____

99 *http://www.barrigaverde.net/?q=node/48479.*

CONCLUSIONES

En este peligroso momento histórico del tránsito de la hegemonía de Estados Unidos a la de la gran China se debe poner énfasis en la destrucción de todas las armas nucleares y prohibición efectiva de no fabricar más, como única garantía para la humanidad de que no serán utilizadas o no causarán un desastre por accidente o error. Es una época distinta al cambio de la supremacía de Inglaterra a la de Estados Unidos, hace alrededor de un siglo, precisamente por la existencia de esas armas de exterminio masivo y las acentuadas diferencias culturales entre esas dos superpotencias. Además, el riesgo aumenta con la presencia activa del poder nuclear ruso, en aparente paridad estratégica con el de Estados Unidos, y el ascendente poderío de la India, de acuerdo con los análisis británicos.

En este contexto, la región de América Latina y el Caribe puede jugar un rol trascendente en defensa de la paz mundial y la supervivencia de la humanidad, partiendo de la autoridad política que le otorga el compromiso contraído hace casi medio siglo en Tlatelolco, por el cual se prohibió tajantemente la fabricación, uso, instalación o traslado de armas nucleares en la región. América Latina y el Caribe puede elaborar una política común sobre este tema, colocándolo como **A1** en su agenda, con la cual se haga sentir más como bloque en el escenario internacional.

Esa política puede ser planteada en la Organización de las Naciones Unidas y todo el mundo con la persistencia y la habilidad diplomática con que Cuba ha enfrentado el bloqueo de Estados Unidos, en cada período de sesiones de la asamblea general, logrando un consenso universal que ha aislado por completo a la gran potencia del Norte, la cual ha tenido que ceder y reconocer de hecho y formalmente la independencia de la mayor de las Antillas, que durante dos siglos vio como un territorio que debía pertenecerle, y el derecho de Cuba a tener el régimen social y político que decidan sus habitantes.

En esta extraordinaria labor para evitar un desastre nuclear y asegurar la supervivencia de la humanidad juega un rol de primer orden, por supuesto, el país donde se firmó el *Tratado de Tlatelolco*. México tiene también una extraordinaria experiencia diplomática con la que puede convertir el 50 aniversario de este convenio (en febrero del 2017) en un punto de partida para su renovación, actualización o *relanzamiento*, planteando claramente la destrucción de las armas nucleares existentes y prohibición de nuevas, haciendo extensivo su espíritu y sus cláusulas a todo el mundo.

Por igual, Brasil, con su potencial económico de largo alcance, por encima de las dificultades coyunturales, y su experimentado cuerpo diplomático, puede hacer un aporte significativo a esta causa de interés para toda la humanidad; al tiempo que realza su papel de potencia emergente que debe ser tomada en cuenta en los asuntos mundiales. También Argentina, Colombia, Venezuela, Perú y otras naciones latinoamericanas y caribeñas, con bloques subregionales activos (AEC, Caricom, Unasur) han acumulado en estos últimos 50 años experiencias diplomáticas útiles que, aunadas, pueden hacerse sentir en el escenario internacional.

La celebración en República Dominicana, en este 2016, de reuniones al máximo nivel de la Comunidad de Estados Latinoamericanos y del Caribe (CELAC) y con la Unión Europea, más la asamblea número 46 de la Organización de Estados Americanos (OEA), son cónclaves apropiados para impulsar una política común latinoamericana a favor de la desaparición de las armas nucleares y por superar, definitivamente, el peligro de extinción de la humanidad o al menos de una buena parte de ella, lo que dejaría a la otra parte en un estadio parecido, al menos moralmente, a la edad de las cavernas; si ocurriera un holocausto nuclear.

Esa política común de América Latina debería coordinarse, por supuesto, con el pueblo de Japón, a través de sus autoridades representativas, por ser el único que ha sufrido el bombardeo nuclear y quien tiene, por consiguiente, la más alta autoridad para exigir la destrucción total de esas armas, como lo ha hecho durante años.

Por suerte, las autoridades japonesas, a través de su embajador aquí, plantean expresamente sus buenos deseos de que el ejercicio de la presidencia *pro tempore* de la República Dominicana en la CELAC, en este año, signifique un fortalecimiento de los vínculos con su país y continente.

Ahora, espero, como embajador de un país de Asia, que este rumbo de la diplomacia se dirija también al continente asiático para que las relaciones entre la República Dominicana y los países de Asia sean aún más robustecidas [100].

---

100   Takashi Fuchigami, «¡Enhorabuena, diplomacia dominicana!», *Listín Diario* (24/02/2016).

En este afán por garantizar de manera definitiva la supervivencia de siete mil millones de seres humanos puede realizar un trabajo de primer orden, en coordinación con América Latina y el Japón, el muy experimentado y competente cuerpo diplomático del Vaticano, con su lúcida cabeza, el papa Francisco; por feliz coincidencia, también latinoamericano. Este es uno de los temas y momentos históricos en que el mensaje cristiano primitivo, del mismo Cristo y sus apóstoles, tiene una mayor pertinencia para enfrentarlo a los demonios de la guerra.

Una eficaz política diplomática latinoamericana a favor de la paz mundial, aplicada de manera sistemática hasta lograr su objetivo **A1**, se puede conectar, igualmente, con la creciente e influyente comunidad hispana en Estados Unidos, España y Europa, el Movimiento de Países No Alineados en tres continentes (del cual Cuba ha ocupado la presidencia en dos ocasiones) y toda la opinión pública internacional.

El último año de la administración del presidente Barack Obama, quien se pronunció desde que era candidato por un mundo sin armas nucleares y ha ratificado su posición siendo presidente, con la firma de importantes documentos sobre el tema (dentro de las limitaciones que le impone el complejo militar-industrial), es también un momento propicio para un movimiento pacifista de envergadura que aleje a la humanidad del precipicio que ha estado recorriendo innecesariamente en los últimos 70 años.

Es claro que las divergencias ideológicas no constituyen hoy un obstáculo para aunar esfuerzos en un objetivo político de primer orden, de interés para toda la humanidad.

AGRADECIMIENTOS

Formalizamos nuestro sincero agradecimiento a todas las personas cuyos nombres se publican en el prefacio, algunas ya fallecidas, y lo extendemos a otras cuyos nombres no recordamos, pero sí que recibimos valiosos datos de largas conversaciones que nos han ayudado a elaborar hoy este libro. Entre éstas últimas, nos reunimos en el año 1977 con un asistente del líder de la independencia de Ghana, Kwame Nkrumah, en una modesta vivienda, a la cual nos llevó un hijo suyo que conocimos en una reunión juvenil en Accra.

De la temprana juventud, tenemos que agradecer diversos datos y debates sobre política dominicana e internacional con militantes y dirigentes del Partido Comunista Dominicano, mucho después transformado en Fuerza de la Revolución; y de otras organizaciones políticas, sindicales y estudiantiles, nacionales e internacionales, entre ellas la Federación Sindical Mundial, la Organización

Internacional de Periodistas y la Unión Internacional de Estudiantes, todas con sede en Praga. Además, la Asociación de Estados del Caribe, en Puerto España, cuando el dominicano Rubén Silié era su secretatio general.

Recordamos a Darío Santos, Alfredo Conde Sturla, Gerardo Marmolejos, Rolando Bretón, Herótides Rodríguez, José López (Che), Rafael Barinas, Sully Saneaux, José Rivas Tavárez, Andrea García de Ortiz, Raúl Cuevas, Juan del Milagro Acosta, Hipólito Reyes (Viejo), Santiago Guillermo, Asdrúbal Domínguez, Marcos Rodríguez, Pedro Juan Persia, Teódulo Mercedes, Carlos Dore Cabral, Luis Gómez Pérez, Mario Sánchez Córdova, Antonio Isa Conde, Julián Peña, César Pérez, Rubén Silié, Pericles Franco Ornes, Pedro Hernández Paulino, Carlos Ascuasiati, Norberto Roca, Enma Tavárez Justo, Brunilda Haas, Damián Jiménez, Lourdes Contreras, Aquiles Valdez Fortuna, Tancredo Vargas, entre otros, del PCD. También, a Diómedes Robles Cid, Henry Segarra Santos y Amín Abel Hasbún, del Movimiento Popular Dominicano (MPD); Walker González, Radhamés de Alma, Marcos Tejeda y a Héctor Alvarez Morel, del Movimiento Revolucionario 14 de Junio. Posteriormente, intercambiamos diversas ideas con dirigentes del Partido de los Trabajadores Dominicanos, Bloque Socialista, Partido Comunista del Trabajo y, en la actualidad, del Frente Amplio. Además, con delegaciones extranjeras recibidas en el local de este último, llegadas desde países cercanos y de otros tan distantes como Turquía.

Evocamos agradecidos la memoria del Dr. Héctor Pereyra Ariza, quien nos sacó de la peligrosa cárcel mal llamada La Victoria, donde fuimos encerrado con dos criminales bajo la acusación de atentar contra la seguridad del Estado por enfrentar el régimen represivo de Joaquín Balaguer. Y conversamos en diversas épocas de sus experiencias en España y Centroamérica, donde sirvió como embajador por alrededor de veinte años. También obtuvimos valiosas experiencias de la asistencia a un congreso del Partido Comunista Búlgaro, en Sofía, y otro del Partido Comunista Italiano, en Florencia, tras cruzar por Roma, en 1984; y de otro viaje realizado a Tashkent, Uzbekistán, en el año 1985.

Agradecemos, muy especialmente, a la primera persona que leyó este original con mucho interés: Yluminada Medina Herasme, esposa y madre de nuestros dos hijos: Esther y Aníbal; por sus observaciones y, en retrospectiva, por sus muchas horas dedicadas a ellos, en nuestra ausencia o presencia.

Además, estamos en deuda con los veteranos colegas Alfonso Tejada (Fonchi) y Eddy Pereyra Ariza por sus rápidas opiniones para mejorar el texto...

Sin embargo, a pesar de esos aportes, cualquier error es responsabilidad exclusiva del autor.

ANEXO I

The National Military Strategy
of the
United States of America
2015

The United States Military's
Contribution To National Security

June 2015

Strategic Trends Programme
Global Strategic Trends - Out to 2045

Fifth Edition

ANEXO II

Los momentos en los que la humanidad estuvo al borde de la Tercera Guerra Mundial[101]

El Gobierno británico desclasificó un borrador del discurso que la reina Isabel II tendría que pronunciar a la nación para llamarla a defender sus libertades en caso de estallar la Tercera Guerra Mundial.

El documento ponía los primeros días de marzo de 1983 como la fecha del inicio de la guerra nuclear entre los países del Pacto de Varsovia y la OTAN. A continuación les recordamos los momentos más tensos en la historia de la humanidad que pusieron al mundo al borde de la Tercera Guerra Mundial.

---

101 https://actualidad.rt.com/actualidad-view/101953-humanidad-tercera-guerra-urss-eeuu.

La crisis de Suez (1956-1957)

En julio de 1956 Egipto anunció la nacionalización del canal de Suez. Francia, el Reino Unido e Israel, en respuesta, formaron una alianza militar para quedarse con el control sobre el canal. En noviembre del mismo año la Asamblea General de la ONU demandó de la alianza acabar con las acciones militares y evacuar sus tropas de las tierras egipcias. La URSS, por su parte, amenazó con usar «modernas armas de destrucción»contra Londres y París si no retrocedían. EE. UU., ante el temor de una guerra global, amenazó con sanciones económicas contra la alianza. En diciembre de 1956 Francia y el Reino Unido finalizaron la retirada de sus tropas y en marzo de 1957 Israel devolvió a Egipto las tierras que había ocupado durante la campaña.

La crisis de Berlín (1961)

En 1958 la URSS mediante un ultimátum exigió de los aliados desmilitarizar el Berlín occidental y retirar sus fuerzas armadas. Tras una serie de negociaciones fallidas, la URSS revocó el ultimátum, pero continuó instando a Alemania Oriental a reforzar el control sobre la frontera. La crisis culminó en agosto de 1961, con la construcción del muro que dividió la ciudad en dos, imposibilitando toda conexión entre ambos lados de la capital. Pero ninguno de los dos bloques estaba dispuesto a ceder zonas de influencia: la URSS y EE.UU. suspendieron temporalmente la desmovilización y mandaron a Berlín tropas adicionales. La confrontación continuó ' hasta 'el incidente del Checkpoint Charlie' (uno de los pasos fronterizos del Muro de Berlín), cuando tanques soviéticos y estadounidenses pasaron allí una noche enfrentados con munición pesada. El 28 de octubre por la mañana la Unión Soviética retiró sus tanques, EE. UU. hizo lo mismo.

La crisis de los misiles (1962)

En 1962 a través de sus aviones Lockheed U-2 EE.UU. descubrió la instalación de bases misilísticas soviéticas en Cuba, lo que desató la llamada Crisis de los misiles cubanos. Washington demandó de la URSS impedir el ingreso de nuevas armas a la isla y desmantelar las bases existentes, para lo cual llevó a cabo el bloqueo de las costas cubanas. El momento de máxima tensión se vivió el 27 de octubre de 1962, cuando quedó derribado uno de los U-2 estadounidenses que sobrevolaba el cielo cubano, mientras que otro U-2 estuvo a punto de estar interceptado sobre el territorio ruso de Siberia. El mismo día un grupo de destructores estadounidenses rodearon un submarino soviético en las proximidades a Cuba y un avión lanzó proyectiles sobre él. Según la parte soviética, el comandante del submarino estaba a punto de dar la orden de responder con un torpedo nuclear, pero dos oficiales le convencieron que no lo hiciera. Finalmente, el submarino transmitió un mensaje donde pidió dejar de hacer provocaciones. El 28 de octubre Moscú y Washington acordaron acabar con la crisis.

«Star Wars»(el 9 de noviembre de 1979)

El 9 de noviembre de 1979 los ordenadores de Norad (Mando Norteamericano de Defensa Aeroespacial) mostraron en sus pantallas que la URSS había empezado un ataque nuclear de plena escala. Washington no intentó comunicarse a través de la línea roja con la URSS para esclarecer la situación. Según testigos, dentro reinaba un pánico absoluto, fue emitida la alerta máxima. Sin embargo, al verificar los datos de radares, se dieron cuenta de que ningún sistema mostraba lanzamientos. Resultó que activaron por error un programa que servía para entrenar las reacciones en caso de un ataque nuclear en una computadora que estaba de guardia.

El año negro (1983)

Con el inicio de la campaña militar de la URSS en Afganistán en diciembre de 1979, la guerra fría tuvo un nuevo impulso. El 8 de marzo de 1983 el entonces presidente de EE. UU. Ronald Reagan tachó a la Unión Soviética de «imperio del mal»y ordenó establecer en Europa Occidental misiles de crucero, como respuesta a los misiles soviéticos con ojivas nucleares instalados en Europa Oriental.

El 1 de septiembre de 1983 los cazas soviéticos derribaron un avión de pasajeros Boeing 747-200 de la aerolínea de Corea del Sur que viajaba de Nueva York a Seúl cuando sobrevoló territorio soviético restringido. El incidente tensó las relaciones entre Estados Unidos y la Unión Soviética. La Administración Reagan respondió con suspender la actividad de todas las aerolíneas soviéticas en EE. UU. y rompió varios contratos comerciales.

El 26 de septiembre de 1983 un satélite soviético dio la alarma: cinco misiles balísticos intercontinentales habían sido lanzados desde la base de Malmstrom (Montana, EE. UU.) y en 20 minutos alcanzarían la URSS. A pesar de recibir la alarma, el oficial encargado, Stanislav Petrov, bajo su responsabilidad personal, no avisó a nadie ya que concluyó que una guerra nuclear no podía empezarse con solo cinco misiles. Medio año después se supo que habían sido los rayos del sol los que provocaron la alarma. En febrero del 2013 Petrov recibió el premio de Dresde de la Paz.

Entre los días 2 y 11 de noviembre de 1983 la OTAN llevó a cabo ejercicios militares en Europa Occidental. El carácter realista del ejercicio, junto al deterioro de las relaciones entre EE. UU. y la URSS y con la llegada de los misiles nucleares Pershing II a Europa, llevó a Moscú a creer que se trataba de preparaciones secretas para un genuino primer golpe nuclear. En respuesta, los soviéticos prepararon sus fuerzas nucleares y las unidades de aire situadas en la República Democrática Alemana y Polonia en estado de alerta.

«Ataque científico» (el 25 de enero de 1995)

El 25 de enero de 1995 un grupo de científicos lanzaron el mayor misil meteorológico jamás existente, Black Brant XII, desde la isla noruega de Andøya, para observar las auroras boreales. Noruega había informado a la URSS sobre sus planes del lanzamiento, pero, como suele hacerse en estos casos, mencionó solo la fecha y no la hora. La trayectoria del misil y sus características físicas hicieron a Moscú creer que era un misil balístico nuclear Trident, lanzado desde un submarino estadounidense. Como resultado, Moscú puso a sus fuerzas nucleares en alerta. El entonces presidente Borís Yeltsin, según confesó luego, recurrió a 'la valija nuclear' de Rusia, dispositivo que almacena los códigos para activar el arsenal atómico. La alerta fue eliminada cuando los radares mostraron que el misil había cambiado la trayectoria. Según comentan varios historiadores, en realidad los militares rusos sabían que no se podía tratarse de un ataque nuclear, pero querían mostrar al presidente la capacidad de sus especialistas a movilizarse bien en caso de haber uno.

Terrorismo

Varios analistas opinan que la Tercera Guerra Mundial está en marcha desde el 11 de septiembre del 2001 y que es una guerra global contra el terrorismo.

Confrontación israelí-iraní

En junio del 2008 los medios israelíes, citando a varias fuentes en los servicios de inteligencia del país, filtraron que Irán está preparando un ataque contra el complejo nuclear Dimona, con 12 misiles nucleares que tiene a su disposición. El Gobierno israelí respondió con retórica bélica, pero se abstuvo de acciones ofensivas concretas.

Cabe destacar que Teherán en numerosas ocasiones insistió en que posee misiles capaces de borrar el estado hebreo de la faz de la tierra. Tel Aviv, por su parte, comunica que no permitirá que Irán obtenga armas nucleares y que está dispuesto a emprender un ataque preventivo en su contra, aunque fuese una operación independiente, sin apoyo de EE. UU. Según analistas, en caso de estallar un conflicto militar entre Israel e Irán, involucraría no solo a toda la región, sino a todo el mundo y tendría unas consecuencias catastróficas.

Aires de guerra en la península coreana (2013)

El 29 de marzo del 2013 Corea del Norte anunció que las relaciones en la península coreana habían entrado en estado de guerra y resolverían los asuntos con el Sur según las normas de guerra. A pesar de varios intentos de negociaciones y una reacción drástica por parte de la comunidad internacional, Pyongyang no se retracta de su retórica bélica.

ANEXO III

Texto del Tratado de Tlatelolco[102]

Tratado para la Proscripción de las Armas Nucleares en la América Latina y el Caribe

(Con las enmiendas aprobadas por la Conferencia General a los artículos 7, 14, 15, 16, 19, 20 y 25)

Preámbulo

En nombre de sus pueblos e interpretando fielmente sus anhelos y aspiraciones, los Gobiernos de los Estados Signatarios del Tratado para la Proscripción de las Armas Nucleares en la América Latina y el Caribe;

Deseosos de contribuir, en la medida de sus posibilidades, a poner fin a la carrera de armamentos, especialmente los nucleares, y a la consolidación de

---

102 https://actualidad.rt.com/actualidad-view/101953-humanidad-tercera-guerra-urss-eeuu.

un mundo en paz, fundada en la igualdad soberana de los Estados, el respeto mutuo y la buena vecindad;

Recordando que la Asamblea General de las Naciones Unidas, en su Resolución 808 (IX), aprobó unánimemente, como uno de los tres puntos de un programa coordinado de desarme, «la prohibición total del empleo y la fabricación de armas nucleares y de todos los tipos de armas de destrucción en masa»;

Recordando que las zonas militarmente desnuclearizadas no constituyen un fin en sí mismas, sino un medio para alcanzar en una etapa ulterior el desarme general y completo;

Recordando la Resolución 1911 (XVIII) de la Asamblea General de las Naciones Unidas, por la que se estableció que las medidas que convenga acordar para la desnuclearización de la América Latina y el Caribe deben tomarse «a la luz de los principios de la Carta de las Naciones Unidas y de los acuerdos regionales»;

Recordando la Resolución 2028 (XX) de la Asamblea General de las Naciones Unidas que establece el principio de un equilibrio aceptable de responsabilidades y obligaciones mutuas para las potencias nucleares y las no nucleares, y

Recordando que la Carta de la Organización de los Estados Americanos establece como propósito esencial de la Organización afianzar la paz y la seguridad del hemisferio;

Persuadidos de que:

El incalculable poder destructor de las armas nucleares ha hecho imperativo que la proscripción jurídica de la guerra sea estrictamente observada en la práctica, si ha de asegurarse la supervivencia de la civilización y de la propia humanidad;

La proliferación de las armas nucleares, que parece inevitable a menos que los Estados, en uso de sus derechos soberanos, se autolimiten para impedirla, dificultaría enormemente todo acuerdo de desarme y aumentaría el peligro de que llegue a producirse una conflagración nuclear;

El establecimiento de zonas militarmente desnuclearizadas está íntimamente vinculado al mantenimiento de la paz y la seguridad en las respectivas regiones;

La desnuclearización militar de vastas zonas geográficas, adoptada por la decisión soberana de los Estados en ellas comprendidos, habrá de ejercer benéfica influencia en favor de otras regiones, donde existan condiciones análogas;

La situación privilegiada de los Estados Signatarios, cuyos territorios se encuentran totalmente libres de armas nucleares, les impone el deber ineludible de preservar tal situación, tanto en beneficio propio como en bien de la humanidad;

La existencia de armas nucleares en cualquier país de la América Latina y el Caribe lo convertiría en blanco de eventuales ataques nucleares y provocaría fatalmente en toda la región una ruinosa carrera de armamentos nucleares, que implicaría la injustificable desviación hacia fines bélicos de los limitados recursos necesarios para el desarrollo económico y social;

Las razones expuestas y la tradicional vocación pacifista de la América Latina y el Caribe determinan la necesidad ineludible de que la energía nuclear sea usada en esta región exclusivamente para fines pacíficos, y de que los países latinoamericanos y del Caribe utilicen su derecho al máximo y más equitativo acceso posible a esta nueva fuente de energía para acelerar el desarrollo económico y social de sus pueblos;

Convencidos, en conclusión, de que:

La desnuclearización militar de la América Latina y el Caribe – entendiendo por tal el compromiso internacionalmente contraído en el presente Tratado de mantener sus territorios libres para siempre de armas nucleares – constituirá una medida que evite a sus pueblos el derroche, en armamento nuclear, de sus limitados recursos y que los proteja contra eventuales ataques nucleares a sus territorios; una significativa contribución para impedir la proliferación de armas nucleares, y un valioso elemento en favor del desarme general y completo, y de que

La América Latina y el Caribe, fiel a su tradición universalista, no sólo debe esforzarse en proscribir de ella el flagelo de una guerra nuclear, sino también empeñarse en la lucha por el bienestar y progreso de sus pueblos, cooperando paralelamente a la realización de los ideales de la humanidad, o sea a la consolidación de una paz permanente fundada en la igualdad de derechos, la equidad económica y la justicia social para todos, de acuerdo con los Principios y Propósitos consagrados en la Carta de las Naciones Unidas y en la Carta de la Organización de los Estados Americanos,

Han convenido en lo siguiente:

Obligaciones

Artículo 1

1. Las Partes Contratantes se comprometen a utilizar exclusivamente con fines pacíficos el material y las instalaciones nucleares sometidos a su jurisdicción, y a prohibir e impedir en sus respectivos territorios:

a.   El ensayo, uso, fabricación, producción o adquisición, por cualquier medio, de toda arma nuclear, por sí mismas, directa o indirectamente, por mandato de terceros o en cualquier otra forma, y

b.   El recibo, almacenamiento, instalación, emplazamiento o cualquier forma de posesión de toda arma nuclear, directa o indirectamente, por sí mismas, por mandato a terceros o de cualquier otro modo.

2.   Las Partes Contratantes se comprometen, asimismo, a abstenerse de realizar, fomentar o autorizar, directa o indirectamente, el ensayo, el uso, la fabricación, la producción, la posesión o el dominio de toda arma nuclear o de participar en ello de cualquier manera.

Definición de Partes Contratantes

Artículo 2

Para los fines del presente Tratado, son Partes Contratantes aquéllas para las cuales el Tratado está en vigor.

Definición de territorio

Artículo 3

Para todos los efectos del presente Tratado, deberá entenderse que el término «territorio»incluye el mar territorial, el espacio aéreo y cualquier otro ámbito sobre el cual el Estado ejerza soberanía, de acuerdo con su propia legislación.

Zona de aplicación

Artículo 4

1. La Zona de aplicación del presente Tratado es la suma de los territorios para los cuales el presente instrumento está en vigor.

2. Al cumplirse las condiciones previstas en el Artículo 29, párrafo 1, la Zona de aplicación del presente Tratado será, además, la situada en el hemisferio Occidental dentro de los siguientes límites (excepto la parte del territorio continental y aguas territoriales de los Estados Unidos de América): comenzando en un punto situado a 35° latitud norte y 75° longitud oeste; desde allí directamente al sur hasta un punto a 30° latitud norte y 75° longitud oeste; desde allí directamente al este hasta un punto a 30° latitud norte y 50° longitud oeste;

desde allí por una línea loxodrómica hasta un punto a 5° latitud norte y 20° longitud oeste; desde allí directamente al sur hasta un punto a 60° latitud sur y 20° longitud oeste; desde allí directamente al oeste hasta un punto a 60° latitud sur y 115° longitud oeste; desde allí directamente al norte hasta un punto a 0° latitud y 115° longitud oeste; desde allí por una línea loxodrómica hasta un punto a 35° latitud norte y 150° longitud oeste; desde allí directamente al este hasta un punto a 35° latitud norte y 75° longitud oeste.

Definición de las armas nucleares

Artículo 5

Para los efectos del presente Tratado, se entiende por «arma nuclear»todo artefacto que sea susceptible de liberar energía nuclear en forma no controlada y que tenga un conjunto de características propias del empleo con fines bélicos. El instrumento que pueda utilizarse para el transporte o la propulsión del artefacto no queda comprendido en esta definición si es separable del artefacto y no parte indivisible del mismo.

Reunión de Signatarios

Artículo 6

A petición de cualquiera de los Estados Signatarios, o por decisión del Organismo que se establece en el Artículo 7, se podrá convocar a una reunión de todos los Signatarios para considerar en común cuestiones que puedan afectar a la esencia misma de este instrumento, inclusive su eventual modificación. En ambos casos la convocación se hará por intermedio del Secretario General.

Organización

Artículo 7

1. Con el fin de asegurar el cumplimiento de las obligaciones del presente Tratado, las Partes Contratantes establecen un organismo internacional denominado «Organismo para la Proscripción de las Armas Nucleares en la América Latina y el Caribe», al que en el presente Tratado se designará como «el Organismo». Sus decisiones sólo podrán afectar a las Partes Contratantes.

2. El Organismo tendrá a su cargo la celebración de consultas periódicas o extraordinarias

entre los Estados Miembros en cuanto se relacione con los propósitos, las medidas y los procedimientos determinados en el presente Tratado y la supervisión del cumplimiento de las obligaciones derivadas del mismo.

3. Las Partes Contratantes convienen en prestar al Organismo amplia y pronta colaboración de conformidad con las disposiciones del presente Tratado y de los acuerdos que concluyan con el Organismo, así como los que éste último concluya con cualquier otra organización u organismo internacional.

4. La sede del Organismo será la ciudad de México.

Órganos

Artículo 8

1. Se establecen como órganos principales del Organismo una Conferencia General, un Consejo y una Secretaría.

2. Se podrán establecer, de acuerdo con las disposiciones del presente Tratado, los órganos subsidiarios que la Conferencia General estime necesarios.

La Conferencia General

Artículo 9

1. La Conferencia General, órgano supremo del Organismo, estará integrada por todas las Partes Contratantes, y celebrará cada dos años reuniones ordinarias, pudiendo, además, realizar reuniones extraordinarias, cada vez que así esté previsto en el presente Tratado, o que las circunstancias lo aconsejen a juicio del Consejo.

2. La Conferencia General:

   a. Podrá considerar y resolver dentro de los límites del presente Tratado cualesquier asunto o cuestiones comprendidos en él, incluyendo los que se refieran a los poderes y funciones de cualquier órgano previsto en el mismo Tratado.

   b. Establecerá los procedimientos del Sistema de Control para la observancia del presente Tratado, de conformidad con las disposiciones del mismo.

   c. Elegirá a los Miembros del Consejo y al Secretario General.

d. Podrá remover al Secretario General cuando así lo exija el buen funcionamiento del Organismo.

e. Recibirá y considerará los informes bienales o especiales que rindan el Consejo y el Secretario General.

f. Promoverá y considerará estudios para la mejor realización de los propósitos del presente Tratado, sin que ello obste para que el Secretario General, separadamente, pueda efectuar estudios semejantes y someterlos para su examen a la Conferencia.

g. Será el órgano competente para autorizar la concertación de acuerdos con gobiernos y con otras organizaciones y organismos internacionales.

3. La Conferencia General aprobará el presupuesto del Organismo y fijará la escala de las cuotas financieras que los Estados Miembros deberán cubrir, teniendo en consideración los sistemas y criterios utilizados para el mismo fin por la Organización de las Naciones Unidas.

4. La Conferencia General elegirá sus autoridades para cada reunión, y podrá establecer los

órganos subsidiarios que estime necesarios para el desempeño de sus funciones.

5. Cada Miembro del Organismo tendrá un voto. Las decisiones de la Conferencia General, en cuestiones relativas al Sistema de Control y a las medidas que se refieran al Artículo 20, la admisión de nuevos Miembros, la elección y remoción del Secretario General, la aprobación del presupuesto y de las cuestiones relativas al mismo, se tomarán por el voto de una mayoría de dos tercios de los Miembros presentes y votantes. Las decisiones sobre otros asuntos, así como las cuestiones de procedimiento y también la determinación de las que deban resolverse por mayoría de dos tercios, se tomarán por la mayoría simple de los Miembros presentes y votantes.

6. La Conferencia General adoptará su propio Reglamento.

El Consejo

Artículo 10

1. El Consejo se compondrá de cinco Miembros, elegidos por la Conferencia General de entre

las Partes Contratantes teniendo debidamente en cuenta la representación geográfica equitativa.

2. Los Miembros del Consejo serán elegidos por un período de cuatro años. Sin embargo, en la primera elección tres serán elegidos por dos años. Los Miembros salientes no serán reelegibles para el período subsiguiente, a menos que el número de Estados para los cuales el Tratado entre en vigor no lo permitiese.

3. Cada Miembro del Consejo tendrá un Representante.

4. El Consejo será organizado de modo que pueda funcionar continuamente.

5. Además de las atribuciones que le confiere el presente Tratado y de las que le asigne la Conferencia General, el Consejo, a través del Secretario General, velará por el buen funcionamiento del Sistema de Control, de acuerdo con las disposiciones del presente Tratado y con las decisiones adoptadas por la Conferencia General.

6. El Consejo rendirá a la Conferencia General un Informe anual sobre sus actividades, así como los informes especiales que considere convenientes o que la Conferencia General le solicite.

7. El Consejo elegirá sus autoridades para cada reunión.

8. Las decisiones del Consejo se tomarán por el voto de una mayoría simple de sus miembros presentes y votantes.

9. El Consejo adoptará su propio Reglamento.

La Secretaría

Artículo 11

1. La Secretaría se compondrá de un Secretario General, que será el más alto funcionario administrativo del Organismo, y del personal que éste requiera. El Secretario General durará en su cargo un período de cuatro años, pudiendo ser reelecto por un período único adicional. El Secretario General no podrá ser nacional del país sede del Organismo. En caso de falta

absoluta del Secretario General, se procederá a una nueva elección por el resto del período.

2. El personal de la Secretaría será nombrado por el Secretario General, de acuerdo con las directivas que imparta la Conferencia General.

3. Además de las atribuciones que le confiere el presente Tratado y de las que pueda asignarle la Conferencia General, el Secretario General velará, de conformidad con el Artículo 10, párrafo 5, por el buen funcionamiento del Sistema de Control establecido en el presente Tratado, de acuerdo con las disposiciones de éste y con las decisiones adoptadas por la Conferencia General.

4. El Secretario General actuará como tal en todas las sesiones de la Conferencia General y del Consejo y rendirá a ambos un Informe anual sobre las actividades del Organismo, así como los informes especiales que la Conferencia General o el Consejo le soliciten, o que el propio Secretario General considere convenientes.

5. El Secretario General establecerá los métodos de distribución, a todas las Partes

Contratantes, de las informaciones que el Organismo reciba de fuentes gubernamentales o no gubernamentales, siempre que las de éstas últimas sean de interés para el Organismo.

6. En el cumplimiento de sus deberes, el Secretario General y el personal de la Secretaría no solicitarán ni recibirán instrucciones de ningún gobierno ni de ninguna autoridad ajena al Organismo, y se abstendrán de actuar en forma alguna que sea incompatible con su condición de funcionarios internacionales responsables únicamente ante el Organismo; con sujeción a sus responsabilidades para con el Organismo, no revelarán ningún secreto de fabricación ni cualquier otro dato confidencial que llegue a su conocimiento en virtud del desempeño de sus funciones oficiales en el Organismo.

7. Cada una de las Partes Contratantes se compromete a respetar el carácter exclusivamente internacional de las funciones del Secretario General y del personal de la Secretaría, y a no tratar de influir sobre ellos en el desempeño de sus funciones.

Sistema de Control
Artículo 12

1. Con el objeto de verificar el cumplimiento de las obligaciones contraídas por las Partes Contratantes según las disposiciones del Artículo 1, se establece un Sistema de Control que se aplicará de acuerdo con lo estipulado en los Artículos 13 a 18 del presente Tratado.

2. El Sistema de Control estará destinado a verificar, especialmente:

   a. Que los artefactos, servicios e instalaciones destinados a usos pacíficos de la energía nuclear no sean utilizados en el ensayo y la fabricación de armas nucleares;

   b. Que no llegue a realizarse en el territorio de las Partes Contratantes ninguna de las actividades prohibidas en el Artículo I del presente Tratado, con materiales o armas nucleares introducidos del exterior, y

   c. Que las explosiones con fines pacíficos sean compatibles con las disposiciones contenidas en el Artículo 18 del presente Tratado.

Salvaguardias del OIEA

Artículo 13

Cada Parte Contratante negociará acuerdos – multilaterales o bilaterales – con el Organismo Internacional de Energía Atómica para la aplicación de las Salvaguardias de éste a sus actividades nucleares. Cada Parte Contratante deberá iniciar las negociaciones dentro de un término de ciento ochenta días después de la fecha del depósito de su respectivo instrumento de ratificación del presente Tratado. Estos acuerdos deberán entrar en vigor, para cada una de las Partes, a más tardar dieciocho meses a contar de la fecha de iniciación de dichas negociaciones, salvo caso fortuito o fuerza mayor.

Informes de las Partes

Artículo 14

1. Las Partes Contratantes presentarán al Organismo y al Organismo Internacional de Energía Atómica, para su conocimiento, informes semestrales en los que se declare que ninguna actividad prohibida por las disposiciones del presente Tratado ha tenido lugar en sus respectivos territorios.

2. Las Partes Contratantes enviarán simultánea-
    mente al Organismo copia de los informes en-
    viados al Organismo Internacional de Energía
    Atómica en relación con las materias objeto
    del presente Tratado, que sean relevantes para
    el trabajo del Organismo.

3. La información proporcionada por las Partes
    Contratantes no podrá ser divulgada o comu-
    nicada a terceros, total o parcialmente, por los
    destinatarios de los informes, salvo cuando
    aquéllas lo consientan expresamente.

Informes Especiales a solicitud del Secretario General

Artículo 15

1. A solicitud de cualquiera de las Partes y con la
    autorización del Consejo, el Secretario Gene-
    ral podrá solicitar de cualquiera de las Partes
    que proporcione al Organismo información
    complementaria o suplementaria respecto de
    cualquier hecho o circunstancia extraordina-
    rios que afecten el cumplimiento del presente
    Tratado, explicando las razones que tuviere
    para ello. Las Partes Contratantes, se compro-
    meten a colaborar pronta y ampliamente con
    el Secretario General.

2. El Secretario General, informará inmediatamente al Consejo y a las Partes sobre tales solicitudes y las respectivas respuestas.

Inspecciones especiales

Artículo 16

1. El Organismo Internacional de Energía Atómica tiene la facultad de efectuar inspecciones especiales, de conformidad con el Artículo 12 y con los acuerdos a que se refiere el Artículo 13 de este Tratado.

2. A requerimiento de cualquiera de las Partes y siguiendo los procedimientos establecidos en el Artículo 15 del presente Tratado, el Consejo podrá enviar a consideración del Organismo Internacional de Energía Atómica una solicitud para que ponga en marcha los mecanismos necesarios para efectuar una inspección especial.

3. El Secretario General solicitará al Director General del Organismo Internacional de Energía Atómica que le transmita oportunamente las informaciones que envíe para conocimiento

de la Junta de Gobernadores del OIEA con relación a la conclusión de dicha inspección especial. El Secretario General dará pronto conocimiento de dichas informaciones al Consejo.

4. El Consejo, por conducto del Secretario General, transmitirá dichas informaciones a todas las Partes Contratantes.

Uso pacífico de la energía nuclear

Artículo 17

Ninguna de las disposiciones contenidas en el presente Tratado menoscaba los derechos de las Partes Contratantes para usar, en conformidad con este instrumento, la energía nuclear con fines pacíficos, de modo particular en su desarrollo económico y progreso social.

Explosiones con fines pacíficos

Artículo 18

1. Las Partes Contratantes podrán realizar explosiones de dispositivos nucleares con fines pacíficos – inclusive explosiones que presupongan artefactos similares a los empleados

en el armamento nuclear o prestar su colaboración a terceros para los mismos fines, siempre que no contravengan las disposiciones del presente Artículo y las demás del Tratado, en especial las de los Artículos 1 y 5.

2. Las Partes Contratantes que tengan la intención de llevar a cabo una de tales explosiones, o colaborar para ello, deberán notificar al Organismo y al Organismo Internacional de Energía Atómica, con la antelación que las circunstancias lo exijan, la fecha de la explosión y presentar simultáneamente las siguientes informaciones:

a. El carácter del dispositivo nuclear y el origen del mismo;

b. El sitio y la finalidad de la explosión en proyecto;

c. Los procedimientos que se seguirán para dar cumplimiento al párrafo 3 de este Artículo;

d. La potencia que se espera tenga el dispositivo, y

e. Los datos más completos sobre la posible precipitación radiactiva que sea consecuencia de la explosión o explosiones, y las medidas que se tomarán para evitar riesgos a la población, flora, fauna y territorios de otra u otras Partes.

3. El Secretario General y el personal técnico designado por el Consejo, así como el del Organismo Internacional de Energía Atómica, podrán observar todos los preparativos, inclusive la explosión del dispositivo, y tendrán acceso irrestricto a toda área vecina del sitio de la explosión para asegurarse de que el dispositivo, así como los procedimientos seguidos en la explosión, se ajustan a la información presentada de acuerdo con el párrafo 2 de este Artículo y a las disposiciones del presente Tratado.

4. Las Partes Contratantes podrán recibir la colaboración de terceros para el objeto señalado en el párrafo 1 de este Artículo, de acuerdo con las disposiciones de los párrafos 2 y 3 del mismo.

Relaciones con el Organismo Internacional de Energía Atómica
Artículo 19

1. El Organismo podrá concertar con el Organismo Internacional de Energía Atómica los

acuerdos que autorice la Conferencia General y que considere apropiados para facilitar el eficaz funcionamiento del Sistema de Control establecido en el presente Tratado.

Relaciones con otros organismos internacionales

Artículo 20

1. El Organismo podrá también entrar en relación con cualquier organización u organismo internacional, especialmente con los que lleguen a crearse en el futuro para supervisar el desarme o las medidas de control de armamentos en cualquier parte del mundo.

2. Las Partes Contratantes, cuando lo estimen conveniente, podrán solicitar el asesoramiento de la Comisión Interamericana de Energía Nuclear en todas las cuestiones de carácter técnico relacionadas con la aplicación del presente Tratado, siempre que así lo permitan las facultades conferidas a dicha Comisión por su Estatuto.

Medidas en caso de violación del Tratado
Artículo 21

1. La Conferencia General tomará conocimiento de todos aquellos casos en que, a su juicio, cualquiera de las Partes Contratantes no esté cumpliendo con las obligaciones derivadas del presente Tratado y llamará la atención de la Parte de que se trate, haciéndole las recomendaciones que juzgue adecuadas.

2. En caso de que, a su juicio, el incumplimiento en cuestión constituya una violación del presente Tratado que pudiera llegar a poner en peligro la paz y la seguridad, la propia Conferencia General informará sobre ello simultáneamente al Consejo de Seguridad y a la Asamblea General de las Naciones Unidas, por conducto del Secretario General de dicha Organización, así como al Consejo de la Organización de los Estados Americanos. La Conferencia General informará asimismo al Organismo Internacional de Energía Atómica a los efectos que resulten pertinentes de acuerdo con el Estatuto de éste.

Organización de las Naciones Unidas y Organización de los Estados Americanos

Artículo 22

Ninguna de las estipulaciones del presente Tratado se interpretará en el sentido de menoscabar los derechos y obligaciones de las Partes, de acuerdo con la Carta de las Naciones Unidas, ni, en el caso de los Estados Miembros de la Organización de los Estados Americanos, de acuerdo con los Tratados regionales existentes.

Prerrogativas e inmunidades

Artículo 23

1. El Organismo gozará, en el territorio de cada una de las Partes Contratantes, de la capacidad jurídica y de las prerrogativas e inmunidades que sean necesarias para el ejercicio de sus funciones y la realización de sus propósitos.

2. Los Representantes de las Partes Contratantes acreditados ante el Organismo, y los funcionarios de éste, gozarán asimismo de las prerrogativas e inmunidades necesarias para el desempeño de sus funciones.

3. El Organismo podrá concertar acuerdos con las Partes Contratantes con el objeto de determinar los pormenores de aplicación de los párrafos 1 y 2 de este Artículo.

Notificación de otro acuerdo

Artículo 24

Una vez que haya entrado en vigor el presente Tratado, todo acuerdo internacional que concierte cualquiera de las Partes Contratantes, sobre las materias a que el mismo se refiere, será notificado inmediatamente a la Secretaría, para que ésta lo registre y notifique a las demás Partes Contratantes.

Solución de controversias

Artículo 25

A menos que las Partes interesadas convengan en algún otro medio de solución pacífica, cualquier cuestión o controversia sobre la interpretación o aplicación del presente Tratado, que no haya sido solucionada, podrá ser sometida a la Corte Internacional de Justicia, previo el consentimiento de las Partes en la controversia.

Firma

Artículo 26

1. El presente Tratado estará abierto indefinidamente a la firma de:

   a. Todas las Repúblicas latinoamericanas y del Caribe.

   b. Los demás Estados soberanos del hemisferio occidental situados totalmente al sur del paralelo 35° latitud norte; y, salvo lo dispuesto en el párrafo 2 de este Artículo, los que vengan a serlo, cuando sean admitidos por la Conferencia General.

2. La condición de Estado Parte del Tratado de Tlatelolco, estará restringida a los Estados Independientes comprendidos en la Zona de aplicación del Tratado de conformidad con su Artículo 4, y párrafo 1 del presente Artículo, que al 10 de diciembre de 1985 fueran Miembros de las Naciones Unidas y a los territorios no autónomos mencionados en el documento OEA/CER.P, AG/doc. 1939/85 del 5 de noviembre de 1985, cuando alcancen su independencia.

Ratificación y depósito

Artículo 27

1. El presente Tratado está sujeto a la ratificación de los Estados Signatarios, de acuerdo con los procedimientos constitucionales respectivos.

2. Tanto el presente Tratado como los instrumentos de ratificación serán entregados para su depósito al Gobierno de los Estados Unidos Mexicanos, al que se designa como Gobierno Depositario.

3. El Gobierno Depositario enviará copias certificadas del presente Tratado a los Gobiernos de los Estados Signatarios y les notificará el depósito de cada instrumento de ratificación.

Reservas

Artículo 28

El presente Tratado no podrá ser objeto de reservas.

Entrada en vigor

Artículo 29

1. Salvo lo previsto en el párrafo 2 de este Artículo, el presente Tratado entrará en vigor entre

los Estados que lo hubieren ratificado tan pronto como se hayan cumplido los siguientes requisitos:

a. Entrega al Gobierno Depositario de los instrumentos de ratificación del presente Tratado por parte de los Gobiernos de los Estados mencionados en el Artículo 26 que existan en la fecha en que se abra a firma el presente Tratado y que no se vean afectados por lo dispuesto en el párrafo 2 del propio Artículo 26.

b. Firma y ratificación del Protocolo Adicional I anexo al presente Tratado, por parte de todos los Estados extracontinentales o continentales que tengan, de jure o de facto, responsabilidad internacional sobre territorios situados en la Zona de aplicación del presente Tratado.

c. Firma y ratificación del Protocolo Adicional II anexo al presente Tratado, por parte de todas las potencias que posean armas nucleares.

d. Celebración de acuerdos bilaterales o multilaterales sobre la aplicación del Sistema de Salvaguardias del Organismo Internacional de Energía Atómica, de conformidad con el Artículo 13 del presente Tratado.

2. Será facultad imprescriptible de todo Estado
    Signatario la dispensa, en todo o en parte, de
    los requisitos establecidos en el párrafo ante-
    rior, mediante declaración que figurará como
    anexo al instrumento de ratificación respecti-
    vo y que podrá formularse en el momento de
    hacer el depósito de éste o con posterioridad.
    Para los Estados que hagan uso de esa facultad,
    el presente Tratado entrará en vigor con el de-
    pósito de la declaración, o tan pronto como se
    hayan cumplido los requisitos cuya dispensa
    no haya sido expresamente declarada.

3. Tan luego como el presente Tratado haya en-
    trado en vigor, de conformidad con lo dispues-
    to en el párrafo 2, entre once Estados, el Go-
    bierno Depositario convocará a una reunión
    preliminar de dichos Estados para que se cons-
    tituya y entre en funciones el Organismo.

4. Después de la entrada en vigor del presente
    Tratado para todos los países del área, el sur-
    gimiento de una nueva potencia poseedora de
    armas nucleares suspenderá la ejecución del
    presente Tratado para los países que lo ratifi-
    caron sin dispensar el párrafo 1, inciso c, de
    este Artículo que así lo soliciten, hasta que la

nueva potencia, por sí misma o a petición de la Conferencia General, ratifique el Protocolo Adicional II anexo.

Reformas

Artículo 30

1. Cualquier Parte podrá proponer reformas al presente Tratado, entregando sus propuestas al Consejo por conducto del Secretario General, quien las transmitirá a todas las otras Partes Contratantes y a los demás Signatarios para los efectos del Artículo 6. El Consejo, por conducto del Secretario General, convocará inmediatamente después de la Reunión de Signatarios a una Reunión Extraordinaria de la Conferencia General para examinar las propuestas formuladas, para cuya aprobación se requerirá la mayoría de dos tercios de las Partes Contratantes presentes y votantes.

2. Las reformas aprobadas entrarán en vigor tan pronto como sean cumplidos los requisitos mencionados en el Artículo 29 del presente Tratado.

Vigencia y denuncia
Artículo 31

1. El presente Tratado tiene carácter permanente y regirá por tiempo indefinido, pero podrá ser denunciado por cualquiera de las Partes mediante notificación entregada al Secretario General del Organismo, si a juicio del Estado denunciante han ocurrido o pueden ocurrir circunstancias relacionadas con el contenido del presente Tratado o de los Protocolos Adicionales I y II anexos que afecten a sus intereses supremos, o a la paz y la seguridad de una o más Partes Contratantes.

2. La denuncia surtirá efecto tres meses después de la entrega de la notificación por parte del Gobierno del Estado Signatario interesado al Secretario General del Organismo. Éste, a su vez, comunicará inmediatamente dicha notificación a las demás Partes Contratantes, así como al Secretario General de las Naciones Unidas para que lo haga del conocimiento del Consejo de Seguridad y de la Asamblea General de las Naciones Unidas. Igualmente la comunicará al Secretario General de la Organización de los Estados Americanos.

Textos auténticos y registro

Artículo 32

El presente Tratado, cuyos textos en los idiomas español, chino, francés, inglés, portugués y ruso hacen igualmente fe, será registrado por el Gobierno Depositario de conformidad con el Artículo 102 de la Carta de las Naciones Unidas. El Gobierno Depositario notificará al Secretario General de las Naciones Unidas las firmas, ratificaciones y reformas de que sea objeto el presente Tratado, y las comunicará, para su información, al Secretario General de la Organización de los Estados Americanos.

Artículo transitorio

La denuncia de la declaración a que se refiere el párrafo 2 del Artículo 29 se sujetará a los mismos procedimientos que la denuncia del presente Tratado, con la salvedad de que surtirá efecto en la fecha de la entrega de la notificación respectiva.

EN FE DE LO CUAL, los Plenipotenciarios infrascritos, habiendo depositado sus Plenos Poderes, que fueron hallados en buena y debida forma, firman el presente Tratado en nombre de sus respectivos Gobiernos.

Hecho en la Ciudad de México, Distrito Federal, a los catorce días del mes de febrero del año de 1967.

PROTOCOLO ADICIONAL I

Los Plenipotenciarios infrascritos, provistos de Plenos Poderes de sus respectivos Gobiernos, Convencidos de que el Tratado para la Proscripción de las Armas Nucleares en la América Latina y el Caribe, negociado y firmado en cumplimiento de las recomendaciones de la Asamblea General de las Naciones Unidas, contenidas en la Resolución 1911 (XVIII) de 27 de noviembre de 1963, representa un importante paso para asegurar la no proliferación de las armas nucleares;

Conscientes de que la no proliferación de las armas nucleares no constituye un fin en sí misma, sino un medio para alcanzar, en una etapa ulterior, el desarme general y completo, y

Deseosos de contribuir, en la medida de sus posibilidades, a poner fin a la carrera de armamentos, especialmente en el campo de las armas nucleares, y a favorecer la consolidación de la paz en el mundo, fundada en el respeto mutuo y en la igualdad soberana de los Estados,

Han convenido en lo siguiente:

Artículo 1

Comprometerse a aplicar en los territorios que de jure o de facto estén bajo su responsabilidad internacional, comprendidos dentro de los límites de la Zona geográfica establecida en el Tratado para la Proscripción de las Armas Nucleares en la América Latina y el Caribe, el estatuto de desnuclearización para fines bélicos que se halla definido en los Artículos 1, 3, 5 y 13 de dicho Tratado.

Artículo 2

El presente Protocolo tendrá la misma duración que el Tratado para la Proscripción de las Armas Nucleares en la América Latina y el Caribe del cual es Anexo, aplicándose a él las cláusulas referentes a la ratificación y denuncia que figuran en el cuerpo del Tratado.

Artículo 3

El presente Protocolo entrará en vigor, para los Estados que lo hubieren ratificado, en la fecha en que depositen sus respectivos instrumentos de ratificación.

En testimonio de lo cual, los Plenipotenciarios infrascritos, habiendo depositado sus Plenos Poderes, que fueron hallados en buena y debida forma, firman el presente Protocolo en nombre de sus respectivos Gobiernos.

PROTOCOLO ADICIONAL II

Los Plenipotenciarios infrascritos, provistos de Plenos Poderes de sus respectivos Gobiernos,

Convencidos de que el Tratado para la Proscripción de las Armas Nucleares en la América Latina y el Caribe, negociado y firmado en cumplimiento de las recomendaciones de la Asamblea General de las Naciones Unidas, contenidas en la Resolución 1911 (XVIII) de 27 de noviembre de 1963, representa un importante paso para asegurar la no proliferación de las armas nucleares;

Conscientes de que la no proliferación de las armas nucleares no constituye un fin en sí misma, sino un medio para alcanzar, en una etapa ulterior, el desarme general y completo, y

Deseosos de contribuir, en la medida de sus posibilidades, a poner fin a la carrera de armamentos, especialmente en el campo de las armas nucleares, y favorecer y consolidar la paz del mundo, fundada en el respeto mutuo y en la igualdad soberana de los Estados,

Han convenido en lo siguiente:

Artículo 1

El estatuto de desnuclearización para fines bélicos de la América Latina y el Caribe, tal como está definido, delimitado y enunciado en las disposiciones del Tratado para la Proscripción de las Armas Nucleares en la América Latina y el Caribe, del cual este instrumento es Anexo, será plenamente respetado por las Partes en el presente Protocolo en todos sus objetivos y disposiciones expresas.

Artículo 2

Los Gobiernos representados por los Plenipotenciarios infrascritos se comprometen, por consiguiente, a no contribuir en forma alguna a que, en los territorios a los que se aplique el Tratado de conformidad con el Artículo 4, sean practicados actos que entrañen una violación de las obligaciones enunciadas en el Artículo 1 del Tratado.

Artículo 3

Los Gobiernos representados por los Plenipotenciarios infrascritos se comprometen, además, a no emplear armas nucleares y a no amenazar con su empleo contra las Partes Contratantes del Tratado para la Proscripción de las Armas Nucleares en la América Latina y el Caribe.

Artículo 4

El presente Protocolo tendrá la misma duración que el Tratado para la Proscripción de las Armas Nucleares en la América Latina y el Caribe del cual es anexo y a él se aplican las definiciones del territorio y de las armas nucleares contenidas en los artículos 3 y 5 del Tratado, así como las disposiciones relativas a ratificación, reservas y denuncia, textos auténticos y registro que figuran en los artículos 27, 28, 31 y 32 del propio Tratado.

ANEXO IV[103]

TRATADO SOBRE LA NO PROLIFERACIÓN DE LAS ARMAS NUCLEARES

Los Estados que conciertan este Tratado, denominados en adelante las «Partes en el Tratado»,

Considerando las devastaciones que una guerra nuclear infligiría a la humanidad entera y la consiguiente necesidad de hacer todo lo posible por evitar el peligro de semejante guerra y de adoptar medidas para salvaguardar la seguridad de los pueblos,

Estimando que la proliferación de las armas nucleares agravaría considerablemente el peligro de guerra nuclear,

De conformidad con las resoluciones de la Asamblea General de las Naciones Unidas que piden que se concierte un acuerdo sobre la prevención de una mayor diseminación de las armas nucleares,

---

103 http://noticias.juridicas.com/base_datos/Admin/ ia131287-je.html#nor.

Comprometiéndose a cooperar para facilitar la aplicación de las salvaguardias del Organismo Internacional de Energía Atómica a las actividades nucleares de carácter pacífico,

Expresando su apoyo a los esfuerzos de investigación y desarrollo y demás esfuerzos por promover la aplicación, dentro del marco del sistema de salvaguardias del Organismo Internacional de Energía Atómica, del principio de la salvaguardia eficaz de la corriente de materiales básicos y de materiales fisionables especiales mediante el empleo de instrumentos y otros medios técnicos en ciertos puntos estratégicos,

Afirmando el principio de que los beneficios de las aplicaciones pacíficas de la tecnología nuclear, incluidos cualesquiera subproductos tecnológicos que los Estados poseedores de armas nucleares puedan obtener del desarrollo de dispositivos nucleares explosivos, deberán ser asequibles para fines pacíficos a todas las Partes en el Tratado, sean estas Partes Estados poseedores o no poseedores de armas nucleares,

Convencidos de que, en aplicación de este principio, todas las Partes en el Tratado tienen derecho a participar en el más amplio intercambio posible de información científica para el mayor desarrollo de las aplicaciones de la energía atómica con fines pacíficos y a contribuir a dicho desarrollo por sí solas o en colaboración con otros Estados,

Declarando su intención de lograr lo antes posible la cesación de la carrera de armamentos nucleares y de emprender medidas eficaces encaminadas al desarme nuclear,

Pidiendo encarecidamente la cooperación de todos los Estados para el logro de este objetivo,

Recordando que las Partes en el Tratado por el que se prohiben los ensayos con armas nucleares en la atmósfera, el espacio ultraterrestre y debajo del agua, de 1963, expresaron en el Preámbulo de ese Tratado su determinación de procurar alcanzar la suspensión permanente de todas las explosiones de ensayo de armas nucleares y de proseguir negociaciones con ese fin,

Deseando promover la disminución de la tirantez internacional y el robustecimiento de la confianza entre los Estados con objeto de facilitar la cesación de la fabricación de armas nucleares, la liquidación de todas las reservas existentes de tales armas y la eliminación de las armas nucleares y de sus vectores en los arsenales nacionales en virtud de un tratado de desarme general y completo bajo estricto y eficaz control internacional,

Recordando que, de conformidad con la Carta de las Naciones Unidas, los Estados deben abstenerse en sus relaciones internacionales de recurrir a la amenaza o al uso de la fuerza contra la integridad territorial o la independencia política de cualquier Estado, o en cualquier otra forma incompatible con los Propósitos de las Naciones Unidas, y que han de promoverse el establecimiento y mantenimiento de la paz y la seguridad internacionales con la menor desviación posible de los recursos humanos y económicos del mundo hacia los armamentos,

Han convenido en lo siguiente:

Artículo I

Cada Estado poseedor de armas nucleares que sea Parte en el Tratado se compromete a no traspasar a nadie armas nucleares u otros dispositivos nucleares explosivos ni el control sobre tales armas o dispositivos explosivos, sea directa o indirectamente; y a no ayudar, alentar o inducir en forma alguna a ningún Estado no poseedor de armas nucleares a fabricar o adquirir de otra manera armas nucleares u otros dispositivos nucleares explosivos, ni el control sobre tales armas o dispositivos explosivos.

Artículo II

Cada Estado no poseedor de armas nucleares que sea Parte en el Tratado se compromete a no recibir de nadie ningún traspaso de armas nucleares u otros dispositivos nucleares explosivos, ni el control sobre tales armas o dispositivos explosivos, sea directa o indirectamente; a no fabricar ni adquirir de otra manera armas nucleares u otros dispositivos nucleares explosivos; y a no recabar ni recibir ayuda alguna para la fabricación de armas nucleares u otros dispositivos nucleares explosivos.

Artículo III

1. Cada Estado no poseedor de armas nucleares que sea Parte en el Tratado se compromete a aceptar las salvaguardias estipuladas en un acuerdo que ha de negociarse y concertarse con el Organismo Internacional de Energía Atómica, de conformidad con el Estatuto del Organismo Internacional de Energía Atómica y el sistema de salvaguardias del Organismo, a efectos únicamente de verificar el cumplimiento de las obligaciones asumidas por ese Estado en virtud de este Tratado con miras a impedir que la energía nuclear se desvíe de usos pacíficos hacia armas nucleares u otros dispositivos nucleares explosivos. Los procedimientos de salvaguardia exigidos por el presente artículo se aplicarán a los materiales básicos y a los materiales fisionables especiales, tanto si se producen, tratan o utilizan en

cualquier planta nuclear principal como si se encuentran fuera de cualquier instalación de ese tipo. Las salvaguardias exigidas por el presente artículo se aplicarán a todos los materiales básicos o materiales fisionables especiales en todas las actividades nucleares con fines pacíficos realizadas en el territorio de dicho Estado, bajo su jurisdicción, o efectuadas bajo su control en cualquier lugar.

(Véase Protocolo Adicional al Acuerdo entre la República de Austria, el Reino de Bélgica, el Reino de Dinamarca, la República de Finlandia, la República Federal de Alemania, la República Helénica, Irlanda, la República Italiana, el Gran Ducado de Luxemburgo, el Reino de los Países Bajos, la República Portuguesa, el Reino de España, el Reino de Suecia, la Comunidad Europea de la Energía Atómica y el Organismo Internacional de Energía Atómica en aplicación de los párrafos 1) y 4) del Artículo III del Tratado sobre no proliferación de las armas nucleares (Salvaguardias), hecho en Viena el 22 de septiembre de 1998. («B.O.E.» 29 abril 2004)

(Véase Acuerdo hecho en Bruselas el 5 de abril de 1973 entre el Reino de Bélgica, el Reino de Dinamarca, la República Federal de Alemania, Irlanda, la República Italiana, el Gran Ducado de Luxemburgo, el Reino de los Países Bajos, la Comunidad

Europea de Energía Atómica y el Organismo Internacional de Energía Atómica, en ejecución de lo dispuesto en los párrafos 1 y 4 del artículo III del Tratado sobre la no proliferación de las Armas Nucleares – Instrumento de adhesión del 27 de marzo de 1989 («B.O.E.» 24 agosto 1989).

2. Cada Estado Parte en el Tratado se compromete a no proporcionar: a) materiales básicos o materiales fisionables especiales, ni b) equipo o materiales especialmente concebidos o preparados para el tratamiento, utilización o producción de materiales fisionables especiales, a ningún Estado no poseedor de armas nucleares, para fines pacíficos, a menos que esos materiales básicos o materiales fisionables especiales sean sometidos a las salvaguardias exigidas por el presente artículo.

3. Las salvaguardias exigidas por el presente artículo se aplicarán de modo que se cumplan las disposiciones del artículo IV de este Tratado y que no obstaculicen el desarrollo económico o tecnológico de las Partes o la cooperación internacional en la esfera de las actividades nucleares con fines pacíficos, incluido el intercambio internacional de materiales y equipo nucleares para el tratamiento, utilización o producción

de materiales nucleares con fines pacíficos de conformidad con las disposiciones del presente artículo y con el principio de la salvaguardia enunciado en el Preámbulo de Tratado.

4. Los Estados no poseedores de armas nucleares que sean Partes en el Tratado, individualmente o junto con otros Estados, de conformidad con el Estatuto del Organismo Internacional de Energía Atómica, concertarán acuerdos con el Organismo Internacional de Energía Atómica a fin de satisfacer las exigencias del presente artículo. La negociación de esos acuerdos comenzará dentro de los ciento ochenta días siguientes a la entrada en vigor inicial de este Tratado. Para los Estados que depositen sus instrumentos de ratificación o de adhesión después de ese plazo de ciento ochenta días, la negociación de esos acuerdos comenzará a más tardar en la fecha de dicho depósito. Tales acuerdos deberán entrar en vigor, a más tardar, en el término de dieciocho meses a contar de la fecha de iniciación de las negociaciones.

(Véase Protocolo Adicional al Acuerdo entre la República de Austria, el Reino de Bélgica, el Reino de Dinamarca, la República de Finlandia, la

República Federal de Alemania, la República Helénica, Irlanda, la República Italiana, el Gran Ducado de Luxemburgo, el Reino de los Países Bajos, la República Portuguesa, el Reino de España, el Reino de Suecia, la Comunidad Europea de la Energía Atómica y el Organismo Internacional de Energía Atómica en aplicación de los párrafos 1) y 4) del Artículo III del Tratado sobre no proliferación de las armas nucleares (Salvaguardias), hecho en Viena el 22 de septiembre de 1998. («B.O.E.» 29 abril 2004).

(Véase Acuerdo hecho en Bruselas el 5 de abril de 1973 entre el Reino de Bélgica, el Reino de Dinamarca, la República Federal de Alemania, Irlanda, la República Italiana, el Gran Ducado de Luxemburgo, el Reino de los Países Bajos, la Comunidad Europea de Energía Atómica y el Organismo Internacional de Energía Atómica, en ejecución de lo dispuesto en los párrafos 1 y 4 del artículo III del Tratado sobre la no proliferación de las Armas Nucleares – Instrumento de adhesión del 27 de marzo de 1989 («B.O.E.» 24 agosto 1989).

Artículo IV

1. Nada de lo dispuesto en este Tratado se interpretará en el sentido de afectar el derecho inalienable de todas las Partes en el Tratado

de desarrollar la investigación, la producción y la utilización de la energía nuclear con fines pacíficos sin discriminación y de conformidad con los artículos I y II de este Tratado.

2.   Todas las Partes en el Tratado se comprometen a facilitar el más amplio intercambio posible de equipo, materiales e información científica y tecnológica para los usos pacíficos de la energía nuclear y tienen el derecho de participar en ese intercambio. Las Partes en el Tratado que estén en situación de hacerlo deberán asimismo cooperar para contribuir, por sí solas o junto con otros Estados u organizaciones internacionales, al mayor desarrollo de las aplicaciones de la energía nuclear con fines pacíficos, especialmente en los territorios de los Estados no poseedores de armas nucleares Partes en el Tratado, teniendo debidamente en cuenta las necesidades de las regiones en desarrollo del mundo.

Artículo V

Cada Parte en el Tratado se compromete a adoptar las medidas apropiadas para asegurar que, de conformidad con este Tratado, bajo observación internacional apropiada y por los procedimientos internacionales apropiados, los beneficios potenciales de toda aplicación pacífica de las explosiones nucleares sean asequibles sobre bases no discriminatorias a los Estados no poseedores de armas nucleares Partes en el Tratado y que el costo para dichas Partes de los dispositivos explosivos que se empleen sea lo más bajo posible y excluya todo gasto por concepto de investigación y desarrollo. Los Estados no poseedores de armas nucleares Partes en el Tratado deberán estar en posición de obtener tales beneficios, en virtud de uno o más acuerdos internacionales especiales, por conducto de un organismo internacional apropiado en el que estén adecuadamente representados los Estados no poseedores de armas nucleares. Las negociaciones sobre esta cuestión deberán comenzar lo antes posible, una vez que el Tratado haya entrado en vigor. Los Estados no poseedores de armas nucleares Partes en el Tratado que así lo deseen podrán asimismo obtener tales beneficios en virtud de acuerdos bilaterales.

Artículo VI

Cada Parte en el Tratado se compromete a celebrar negociaciones de buena fe sobre medidas eficaces relativas a la cesación de la carrera de armamentos nucleares en fecha cercana y al desarme nuclear, y sobre un tratado de desarme general y completo bajo estricto y eficaz control internacional.

Artículo VII

Ninguna disposición de este Tratado menoscabará el derecho de cualquier grupo de Estados a concertar tratados regionales a fin de asegurar la ausencia total de armas nucleares en sus respectivos territorios.

Artículo VIII

1. Cualquiera de las Partes en el Tratado podrá proponer enmiendas al mismo. El texto de cualquier enmienda propuesta será comunicado a los Gobiernos depositarios que lo transmitirán a todas las Partes en el Tratado. Seguidamente, si así lo solicitan un tercio o más de las Partes en el Tratado, los Gobiernos depositarios convocarán a una conferencia, a la que invitarán a todas las Partes en el Tratado, para considerar tal enmienda.

2. Toda enmienda a este Tratado deberá ser aprobada por una mayoría de los votos de todas las Partes en el Tratado, incluidos los votos de todos los Estados poseedores de armas nucleares Partes en el Tratado y de las demás Partes que, en la fecha en que se comunique la enmienda, sean miembros de la Junta de

Gobernadores del Organismo Internacional de Energía Atómica. La enmienda entrará en vigor para cada Parte que deposite su instrumento de ratificación de la enmienda, al quedar depositados tales instrumentos de ratificación de una mayoría de las Partes, incluidos los instrumentos de ratificación de todos los Estados poseedores de armas nucleares Partes en el Tratado y de las demás Partes que, en la fecha en que se comunique la enmienda, sean miembros de la Junta de Gobernadores del Organismo Internacional de Energía Atómica. Ulteriormente entrará en vigor para cualquier otra Parte al quedar depositado su instrumento de ratificación de la enmienda.

3. Cinco años después de la entrada en vigor del presente Tratado se celebrará en Ginebra, Suiza, una conferencia de las Partes en el Tratado, a fin de examinar el funcionamiento de este Tratado para asegurarse que se están cumpliendo los fines del Preámbulo y las disposiciones del Tratado. En lo sucesivo, a intervalos de cinco años, una mayoría de las Partes en el Tratado podrá, mediante la presentación de una propuesta al respecto a los Gobiernos depositarios, conseguir que se convoquen otras conferencias con el mismo objeto de examinar el funcionamiento del Tratado.

Artículo IX

1. Este Tratado estará abierto a la firma de todos los Estados. El Estado que no firmare este Tratado antes de su entrada en vigor, de conformidad con el párrafo 3 de este artículo, podrá adherirse a él en cualquier momento.

2. Este Tratado estará sujeto a ratificación por los Estados signatarios. Los instrumentos de ratificación y los instrumentos de adhesión serán entregados para su depósito a los Gobiernos del Reino Unido de Gran Bretaña e Irlanda del Norte, de los Estados Unidos de América y de la Unión de Repúblicas Socialistas Soviéticas, que por el presente se designan como Gobiernos depositarios.

3. Este Tratado entrará en vigor después de su ratificación por los Estados cuyos Gobiernos se designan como depositarios del Tratado y por otros cuarenta Estados signatarios del Tratado, y después del depósito de sus instrumentos de ratificación. A los efectos del presente Tratado, un Estado poseedor de armas nucleares es un Estado que ha fabricado y hecho explotar un arma nuclear u otro dispositivo nuclear explosivo antes del 1.º de enero de 1967.

4. Para los Estados cuyos instrumentos de ratificación o de adhesión se depositaren después de la entrada en vigor de este Tratado, el Tratado entrará en vigor en la fecha del depósito de sus instrumentos de ratificación o adhesión.

5. Los Gobiernos depositarios informarán sin tardanza a todos los Estados signatarios y a todos los Estados que se hayan adherido a este Tratado, de la fecha de cada firma, de la fecha de depósito de cada instrumento de ratificación o de adhesión a este Tratado, de la fecha de su entrada en vigor y la fecha de recibo de toda solicitud de convocación a una conferencia o de cualquier otra notificación.

6. Este Tratado será registrado por los Gobiernos depositarios, de conformidad con el artículo 102 de la Carta de las Naciones Unidas.

Artículo X

1. Cada Parte tendrá derecho, en ejercicio de su soberanía nacional, a retirarse del Tratado se decide que acontecimientos extraordinarios, relacionados con la materia que es objeto de este Tratado, han comprometido los intereses

supremos de su país. De esa retirada deberá notificar a todas las demás Partes en el Tratado y al Consejo de Seguridad de las Naciones Unidas con una antelación de tres meses. Tal notificación deberá incluir una exposición de los acontecimientos extraordinarios que esa Parte considere que han comprometido sus intereses supremos.

2. Veinticinco años después de la entrada en vigor del Tratado se convocará a una Conferencia para decidir si el Tratado permanecerá en vigor indefinidamente o si se prorrogará por uno o más períodos suplementarios de duración determinada. Esta decisión será adoptada por la mayoría de las Partes en el Tratado.

(Véase el Tratado de 1 de julio de 1968, sobre la no proliferación de armas nucleares, hecho en Londres, Moscú y Washington el 1 jul. 1968. Prórroga («B.O.E.» 7 diciembre 1995), por el que se «Decide que, como existe una mayoría entre los Estados Partes en el Tratado en favor de su prórroga indefinida, de conformidad con el párrafo 2 de su artículo X, el Tratado continuará en vigor indefinidamente»).

Artículo XI

Este Tratado, cuyos textos en inglés, ruso, español, francés y chino son igualmente auténticos, se depositará en los archivos de los Gobiernos depositarios. Los Gobiernos depositarios remitirán copias debidamente certificadas de este Tratado a los Gobiernos de los Estados signatarios y de los Estados que se adhieran al Tratado.

1968, Londres, Inglaterra